수학 쓸모 있는 것만 하겠습니다!

수학을 싫어하는 아이들의 생활 밀착 수학 수업 프로젝트

에드바르트 판 더 펜델, 이오니카 스메이츠 글 | 플로어 더 후더 그림

위즈덤하우스

차례

- 5   교실에 타오른 의문의 불
- 8   쓸모 있는 수학 수업
- 12   **모든 게임에서 이기는 방법** 마노의 이야기
  쓸모 있는 수학 질문 01: 모든 게임에서 항상 이기는 방법이 있을까?
- 23   **눈물이 욕조로 흐를 때** 로메이의 이야기
  쓸모 있는 수학 질문 02: 평생 흘린 눈물로 욕조를 가득 채울 수 있을까?
- 36   **일곱 명을 위한 디저트** 디데의 이야기
  쓸모 있는 수학 질문 03: 4인분 조리법으로 7인분을 만들려면?
- 45   **아빠와의 영상 통화: 우주에 대하여** 파트릭 1번의 이야기
  쓸모 있는 수학 질문 04: 지구와 달을 잇는 다리를 짓고, 지금부터 그 다리를 걷기 시작한다면, 우리가 늙기 전에 달에 도착할 수 있을까?
- 53   **축구, 그리고 진짜 우정** 파트릭 2번의 이야기
  쓸모 있는 수학 질문 05: 축구와 관련된 재미있는 수학이 있을까?
- 65   **왕좌에 앉은 쌍둥이 친구** 로스의 이야기
  쓸모 있는 수학 질문 06: 나의 도플갱어와 같은 반이 될 확률은?
- 80   **점잖은 가족과 오줌 논쟁** 스벤의 이야기
  쓸모 있는 수학 질문 07: 샤워 중에 오줌을 누면 진짜 환경에 도움이 될까?
- 93   **완벽한 '비밀 산타' 뽑기** 만의 이야기
  쓸모 있는 수학 질문 08: 완벽한 제비뽑기를 하는 방법은?
- 103   **세상의 시작과 끝** 파이케의 이야기
  쓸모 있는 수학 질문 09: 가장 마지막 수는 무엇일까?
- 113   **지금 당장 시간 여행을 할 수 있다면** 사야의 이야기
  쓸모 있는 수학 질문 10: 시간을 이해할 수 있는 좋은 방법이 있을까?
- 125   **가장 값싼 전동 뷰러를 찾아서** 키아라의 이야기
  쓸모 있는 수학 질문 11: 어떤 가게에서 전동 뷰러를 가장 싸게 살 수 있을까?
- 137   **엄마와 아빠의 벽** 옌스의 이야기
  쓸모 있는 수학 질문 12: 한 해 동안 이혼한 부부가 다시 함께 산다면, 난민에게 줄 수 있는 빈집이 몇 채나 생길까?

145	**벽을 축구장에 두른다면** 쿠제이의 이야기	
	쓸모 있는 수학 질문 13: 축구장 둘레에 벽을 세운다면 비용이 얼마나 들까?	
159	**돈은 아름다워** 미렐바의 이야기	
	쓸모 있는 수학 질문 14: 돈에 관하여, 다양한 지폐에 관하여, 모두 너무나도 아름다우니까	
171	**동물을 먹는다는 건** 테사의 이야기	
	쓸모 있는 수학 질문 15: 하루에 태어나는 송아지의 수는? 하루에 태어난 송아지 중 몇 마리가 첫 번째 생일을 맞이할까?	
183	**소녀에서 여왕님으로** 벤테의 이야기	
	쓸모 있는 수학 질문 16: 수학으로 유명해질 수 있을까? 수학에도 여왕님들이 있을까?	
192	**불가능을 꿈꾸는 마술사** 파비오의 이야기	
	쓸모 있는 수학 질문 17: 마술을 더 잘하고 싶은데… 이것도 수학과 관련이 있을까?	
202	**슈퍼마켓 계산대에서** 아흐메드의 이야기	
	쓸모 있는 수학 질문 18: 슈퍼마켓에 가면 왜 항상 가장 오래 기다리는 줄에 설까? 계산을 빨리 할 수 있는 줄을 고르는 방법이 있을까?	
212	**레몬 아이스크림을 좋아해** 닐러의 이야기	
	쓸모 있는 수학 질문 19: 아이스크림은 언제 어디서나 똑같이 차가울까?	
229	**스위스로 가는 비행기** 팀의 이야기	
	쓸모 있는 수학 질문 20: 비행기는 기차보다 얼마나 더 빠를까? 그리고 얼마나 더 비쌀까? 또 얼마나 더 환경에 나쁠까?	
239	**동물원을 탈출한 개미** 믹의 이야기	
	쓸모 있는 수학 질문 21: 사람이 개미 같은 힘을 얻는다면, 얼마나 무거운 걸 들 수 있을까?	
251	**부자가 되는 방법** 로만의 이야기	
	쓸모 있는 수학 질문 22: 부자가 되는 방법은?	
262	진짜 수업을 마친 뒤	
269	수학 파티	
272	이 책에 나온 수학 용어	

교실에 타오른 의문의 불

불을 어떻게 붙이는지 알지? 먼저 불이 붙을 만한 재료가 있어야 해. 고운 톱밥이나 지푸라기, 마른 종이 같은 것 말이야. 그때 홉시카 초등학교의 5학년 아이들은 말 그대로 톱밥이나 지푸라기 같았어. 아이들이 어딘가에 불을 붙였다거나 머릿속이 톱밥으로 가득 찬 것처럼 멍청했다는 뜻은 아니야. 금방이라도 불이 붙을 것 같았다는 거지. 어쩌면 아이들은 불길이 당겨지기를 몇 주나 기다렸을지도 몰라.

사건은 선생님들로부터 시작됐어. 5학년 선생님들은 멋지고 상냥해. 독서와 퀴즈, 체육, 재미있는 노래 같은 걸 좋아하지. 하지만 수학은 좋아하지 않아. 정말이야, 선생님들이 수 세는 걸 안 좋아한다니까? 아니, 그렇다기보다 선생님들은 수학 교과서를 싫어해. 교과서는 따분한 데다가 무척 오래되었거든. 책에 나열된 숫자와 수식은 마치 개미가 기어가는 것 같지.

아이들도 수학을 싫어했어. 하지만 선생님들도 수학 교과서와 수업에 불만이 있다는 건 상상하지도 못했어. 선생님들은 집에 가면 가족들과 수학 공식에 대해 토론할 것만 같잖아? 그런데 어느 날, 벌을 받느라 교실에 남아 있던 마노(원래 이름은 모하메드인데 마노라고 불리길 원해.)가 어쩌다 선생님들이 나눈 대화를 듣게 된 거야.

"수학 교과서를 몽땅 뜯어서 변기에 넣어 버리면 안 될까요? 너무 구닥다리 같잖아요, 휴!"

이야기를 나누던 선생님들은 마노가 교실 한쪽에 있다는 걸 기억해 내고는 황급히 '쉿' 하고 말을 멈추었어.

다음 날 마노는 쿠제이와 믹과 반에서 가장 수다스러운 키아라에게 자기가 들은 이야기를 전했어. 티네 선생님의 수학 수업 시간이 되었을 때 키아라는 말했지.

"티네 선생님, 오늘은 수업 안 하면 안 돼요?"

"네? 뭐라고요?"

"선생님, 저희도 알아요. 선생님과 튀르 선생님이 수학 교과서를 변기에 쑤셔 넣고 싶어 하신다는 걸요!"

"키아라! 그게 대체 무슨 소리예요?"

"아니면 교과서를 세면대에서 헹구면 좋을까요?"

"키아라! 조용히 하고 수업합시다!"

선생님은 엄하게 말하고는 수학 교과서 56쪽을 펼치라고 했지.

그런데 그때, 일이 벌어졌어. 파이케가 벌떡 일어선 거야.

교실에 정적이 흘렀어. 성적은 좋은 편이지만 말수가 거의 없는 파이케가 나서는 건 아주 드문 일이거든. 파이케가 말했어.

"티네 선생님, 새 학기를 시작하고부터 늘 궁금했어요. 도대체 수학이 우리랑 무슨 상관이 있어요?"

선생님은 눈꺼풀을 깜박이기 시작했어.

"무슨 뜻이죠?"

"우리 인생과 수학 문제가 무슨 관련이 있어요? 우리가 배우는 건 중요한 것들이잖아요. 지금이든 나중이든 쓸모가 있어야 하지 않나요?"

파이케가 조용하고 차분한 목소리로 다시 물었어. 마치 속삭이는 듯했지.

"맞아요!"

"맞아요, 선생님!"

키아라가 소리쳤어. 마노도 거들었지. 반 아이들 거의 모두가 고개를 끄덕였어.

불은 그렇게 붙기 시작했어. 아이들은 마른 종잇장 같았지. 선생님은 성냥이었어. 마노가 엿들은 이야기는 갑자기 붙은 불꽃이었고, 이제는 온 교실에 불이 번졌어. 수학 수업에 대한 의문의 불이 말이야.

티네 선생님은 그 불을 끌 수가 없었어. 교실에 있는 모든 아이의 얼굴에서 열기가 튀어 오르는 것을 느꼈거든. (선생님은 진심으로 자기 반을 사랑했어.)

"좋아요, 알겠어요. 튀르 선생님과 논의하고 내일 답변을 줄게요, 알았죠?"

선생님의 말이 끝나자 온 반의 아이들이 파이케를 바라보았어. 파이케는 고개를 왼쪽에서 오른쪽으로 갸웃거리다가 이내 받아들인다는 듯 끄덕였어. 그러고는 자리에 앉았지.

수업이 시작되었어.

하지만 불은 이미 조용히 타오르기 시작했어.

쓸모 있는 수학 수업

"어디 보자. 여러분이 수학 수업을 바꾸자고 티네 선생님을 부추겼군요."

다음 날, 튀르 선생님이 말했어.

"아니에요! 티네 선생님이 논의해 보신다고 직접 말씀하셨어요!"

키아라가 외치듯 말했어.

"아니, 내 말은 여러분이 우리에게 생각할 거리를 주었다는 뜻이에요."

"좋아요! 생각하는 건 좋은 일이니까요!"

어제 결석했다가 오늘 키아라에게 소식을 전해 들은 미렐바가 말했어. 키아라와 미렐바는 최근에 친해졌는데, 미렐바도 말이 무척 많아. 수다의 바닷속에서 어떻게 우정이 피어났을까? 둘 다 말하다가 지쳐서 킥킥 웃어 댔기 때문일지도 몰라.

"그래요. 생각하는 건 좋은 일이죠. 하지만 모든 걸 쉽게 바꿀 수는 없어요. 특히나 수학은 초등학교에서 가장 중요한 과목이니까요."

"그러니까요! 중요하니까 지루하면 안 되는 거예요, 선생님. 수학 수업은 진짜 바뀌어야 해요. 티네 선생님도 저희에게 약속하신 게……."

키아라가 울상을 지으며 말했어. 튀르 선생님은 팔짱을 꼈어. 누군가 엉뚱한 이야기를 한다고 느끼면 선생님은 가끔 팔짱을 껴. 키아라는 하던 말을 멈추고, 파이케를 바라보며 말했어.

"무슨 말이라도 해 봐! 어제도 했잖아!"

모든 아이들이 파이케를 보았어. 파이케는 눈앞에 드리운 긴 머리카락을 걷어 내며 부드럽게 고개를 흔들고는 선생님을 바라보았어.

"좀 전에 말했듯 수학은 중요한 과목이에요. 티네 선생님과 난 고민 끝에 결론을 내렸지. 그나저나 여러분이 엿들은 티네 선생님과 내 이야기는 약간 과장된 거예요. 수학 교과서로 우리는 표를 배우고, 덧셈과 나눗셈을 더 잘할 수 있고……."

"아휴!"

마노가 소리를 질렀어. 마노는 공중으로 거의 1미터는 뛰어오를 것 같았지.

"아무튼 결론은, 티네 선생님과 내가 여러분의 생각을 듣기로 했단 거예요."

"야호! 선생님, 그거예요!"

마노가 소리를 질렀어. 믹과 디데, 키아라와 미렐바는 팔다리를 마구 휘둘렀지. 로즈와 로메이와 로만과 파트릭 1번과 파트릭 2번은 "좋아!"라고 속삭이듯 말했어. 그때 파이케가 눈가의 머리카락을 옆으로 빗어 넘기며 일어섰어.

오, 맙소사. 파이케가 일어섰어. 어제처럼 뭔가 말하고 싶었나 봐. 교실이 갑자기 조용해졌어.

"그러면 어떻게 하실 생각이세요?"

파이케가 속삭이듯이 말했어.

"음, 잘 들어 봐요. 이렇게 합시다. 수학 교과서의 절반을 없앨 거예요. 나머지 절반은 여러분이 채우는 거지. 각자 어려운 수학 문제를 만들어 오세요. 여러분의 일상과 관련이 있거나 진짜 흥미롭게 생각하는 질문으로요. 여러분에게 중요하기만 하면, 어떤 것이든 다 괜찮아요. 말하자면…… '쓸모 있는 수학' 수업을 해 보는 거예요!"

"야호! 야호!"

마노가 외쳤어.

"매주 금요일 오후에 한 사람이 질문 하나씩을 발표할 겁니다. 여러분이 스물 두 명이니까 22주 동안 진행할 거예요. 티네 선생님과 나는 여러분의 질문을 바탕으로 새로운 수업을 준비할게요. 마지막에는 여러분 인생에 이 수업이 도움이 되었는지를 토론합시다. 그리고 나면……."

"수학 파티를 해요!"

키아라가 소리쳤어. 튀르 선생님은 미소를 지으며 말했지.

"좋아요, 키아라. 그런데 조건이 하나 있어요. 티네 선생님과 나는 질문에 대해 어떤 조언도 하지 않을 거예요. 무엇이 중요한지는 여러분 각자가 스스로 결정하세요. 그리고 질문은 학교가 아니라 집에서 생각해 와야 해요. 그렇지 않으면 모든 질문이 비슷해질 테니까. 자, 그러면…… 여러분 생각은 어때요?"

음…… 아이들의 생각은 어떠냐고?

이 이상하고 독특한 질문에 대한 아이들의 대답은 무엇이었을까? 동시에 "좋아요!"라고 말해야 했을까? 아니, 그럴 필요는 없었어. 파이케가 여전히 책상 옆에 서 있었거든.

파이케가 대답해야지! "좋아요!"라고 해 봐, 파이케! 모든 아이들의 시선이 파이케를 향했어. 하지만 파이케는 우두커니 서서 꼼짝도 하지 않았어.

그때 마노가 의자에서 일어나 파이케를 향해 걸어갔어. 그러고는 파이케를 부드럽게 앞으로 밀쳤지. 파이케는 선생님에게 다가갔어. 교실엔 가쁜 숨이 가득했어. 파이케는 선생님 앞까지 가서 손을 높이 내밀었어. 선생님은 파이케의 손을 잡고 웃으며 말했지.

"협상 완료."

파이케도 똑같이 말했어.

"협상 완료."

'쓸모 있는 수학' 수업에 대한 서약서

약속 내용:
티네 선생님과 튀르 선생님,
그리고 흅시카 초등학교 5학년 어린이가 약속한다.

수학 교과서의 절반은 이제 안녕!

수학 수업의 절반은 우리 반 어린이 22명의 삶과 관련된
중요한 질문으로 채운다.

한 사람이 한 문제씩 만들어 온다.

매주 한 문제를 다룬다.

주말 동안 선생님이 질문에 대한 답을 생각해 오고,
이전과는 완전히 다른 수업을 한다.

질문에 대해서 선생님들은 어떠한 조언도 하지 않는다.
(모두가 각자 알아서 중요한 문제를 만들어 오도록 한다.)

질문에 대한 상담도 없다. (자칫하면 모든 문제가 다 비슷해질 수 있으니까!)

마지막 수업 날에는 새로운 수업을 통해 충분히 배웠는지를 토론한다.
배움이 잘 이루어지지 않았다면 보충 수업을 해야 한다.

그러고 나서 수학 파티를 연다!

이 약속은 10월 2일 월요일 이후로 유효하다.

스벤   마노   파이케   웊스   로만   키아라
                          로스   믹   옌스
파비오   사야   디데   아흐메드
                    파트릭1   테사   닐러   파트릭2
벤테   팀   만   로메이   미렐바   쿠제이

모든 게임에서 이기는 방법
마노의 이야기

튀르 선생님은 서약서를 멋진 액자에 넣고 교실 한쪽 벽에 걸었어. 서약서의 글자에서 작은 목소리가 나와 "이 교실은 정말 특별해."라고 속삭이는 것 같았지.

주말이 지난 후, 교실에는 들뜬 분위기가 맴돌았어. 아이들은 좀 더 용감해졌어. (특히 수학 시간에 더 열심히 공부했어.) 하지만 한편으로는 뭔가를 두려워하는 듯했어. 첫 번째 질문은 뭘까? 과연 새로운 수학 수업은 어떻게 진행될까?

수요일에 튀르 선생님은 일정표를 만들었어. 누가 언제 질문을 할지 아이들이 알 수 있도록 말이야. 아이들은 모두 파이케가 첫 번째가 되어야 한다고 생각했어.

"파이케도 첫 번째로 질문하고 싶나요?"

튀르 선생님이 물어보았어. 파이케의 두 뺨이 발그레해졌어. 파이케는 잠시 생각에 잠겼다가 곧 고개를 끄덕였지.

다음 날 오후 쉬는 시간, 놀이터에서 아이들이 파이케에게 생각한 질문이 있냐고 물었을 때, 파이케의 머릿속에 아주 신나는 생각이 떠올랐어. 하지만 파이케는 아무 말 없이 교실로 들어왔어.

쉬는 시간이 끝나고 수업이 시작되었어. 그런데 일정표에 첫째로 적힌 파이케의 이름에 줄이 그어져 있었어.

"어라? 누가 줄을 그어 놨어요!"

"키아라, 파이케에겐 시간이 더 필요해요. 그래서 2번부터 시작하기로 했어요."

2번은 로메이였어. 로메이는 놀라서 말했어.

"선생님! 그러면 제가 내일 당장 질문을 정해야 하잖아요. 오늘 오후에는 재즈 발레 수업이 있는걸요? 저는 생각할 시간이 없어요!"

"그러면 일정이 전부 엉망이 될 거야! 순서를 죄다 다시 정해야 하잖아!"

미렐바가 소리쳤어. 바로 그때, 마노가 벌떡 일어서서 앞으로 달려 나왔어. 그러고는 파이케의 어깨에 손을 얹고 귓가에 속삭였지. 파이케는 약간 움츠러들었다가 조심스레 고개를 끄덕였어. 특이한 마노, 행복한 마노, 모든 아이들의 친구 마노……. 이윽고 파이케는 입을 손으로 가리고 마노에게 뭔가를 말했어.

"야호!"

마노가 외쳤어. 파이케는 웃기까지 했어.

"해결됐어요! 전 원래 열 번째잖아요. 그런데 파이케랑 순서를 바꾸기로 했어요. 저는 벌써 질문이 준비되었거든요. 그래도 되죠?"

"오, 잘 정리했구나, 마노. 하지만 일단 질문은 내일까지 잘 간직해 두세요. 먼저 지리 수업부터 합시다."

아, 지리 수업이 있었지. 글쓰기, 토론, 체육 수업도 있었어.

마침내 금요일 오후, 드디어 마노가 질문을 꺼냈어.

"선생님도 잘 아시죠. 저는 지는 걸 진짜 못 견디잖아요. 이기지 못하면 마음속에 가시가 돋쳐서 모든 사람에게 나쁜 말을 하고 싶어져요. 그래서 제 질문은 '모든 게임에서 항상 이기는 방법이 있을까?'예요. 속임수 말고, 수학으로요. 이건 저에게 아주 중요한 질문이에요. 어떻게 해야 제가 늘 이길 수 있을까요?"

쓸모 있는 수학 질문 01: 마노

모든 게임에서 항상 이기는 방법이 있을까?

여기 초콜릿 **20**개와 방울 양배추 **1**개가 있어요.
마노와 내가 서로 번갈아 가져가서 먹을 겁니다.

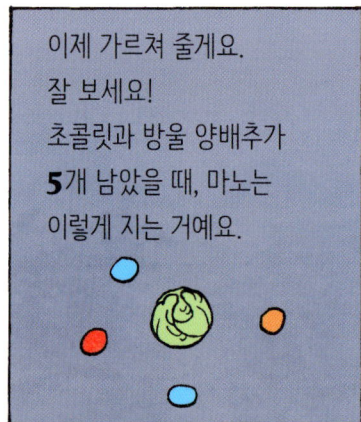

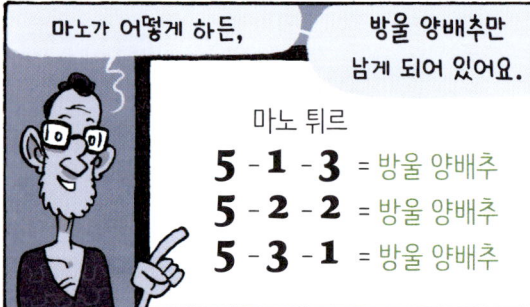

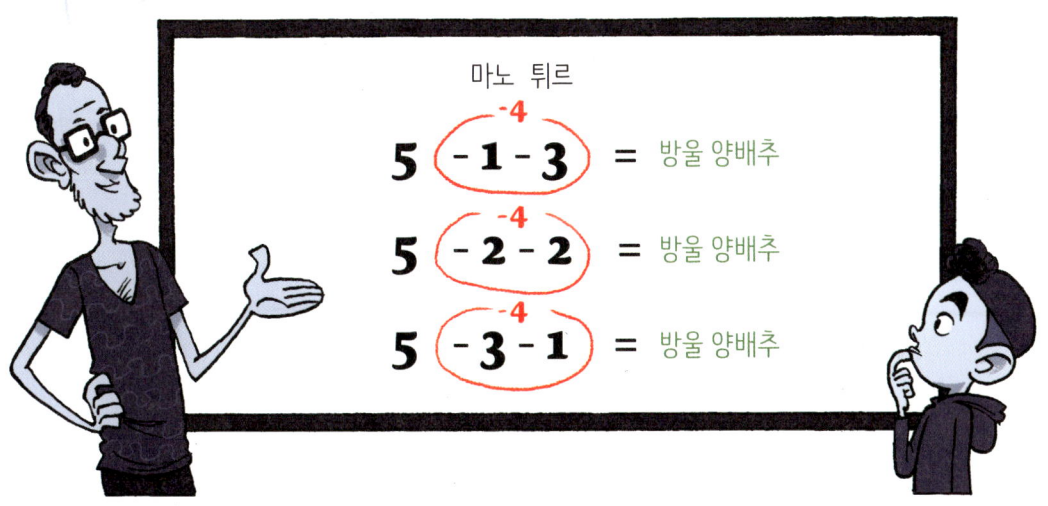

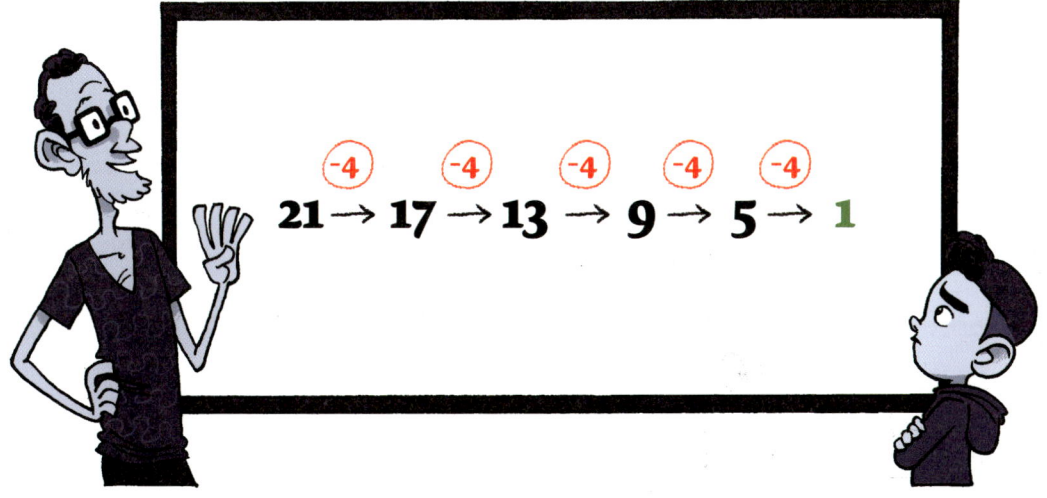

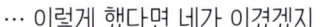

수업이 끝난 뒤
교무실에서 튀르 선생님이

"다행히 첫 번째 수학 수업은 잘 마쳤어요. 영국의 한 수학자는 이 게임을 초콜릿 20개와 빨간 고추 하나를 가지고 했다더군요. 아이들이 이기는 방법을 터득할 때까지 계속 게임을 하게 했대요. 어떤 아이들은 빨간 고추를 10개나 먹었다는군요. 마노가 그랬으면 어떤 모습이었을지 상상이 가세요?"

눈물이 욕조로 흐를 때
로메이의 이야기

로메이는 욕조에 들어갔어. 무릎이 비누 거품 밖으로 삐죽 튀어나왔어. 몸을 약간 일으켜 세워 앉자 무릎이 펴졌어. 어깨가 조금 추워졌지. 로메이는 물을 더 채우려고 욕조 밖으로 팔을 뻗어 수도꼭지를 틀었어. ('쏴쏴' 물이 떨어지고, 비누 거품이 '파팍' 터졌어.) 로메이는 거품 속으로 숨어들었어.

집은 시끌벅적했어. 로메이의 세 동생은 불자동차처럼 온 방을 뛰어다니며 온종일 시끄러운 소리를 냈어. 차고에서는 아빠가 망치질을 했고, 정원에서는 엄마가 친구들과 이야기를 나누고 있었어. 그중엔 로스의 엄마와 마노의 엄마도 있었어. 엄마들은 항상 친절했어. 하지만 로스와 마노의 엄마이기 때문에…….

오, 안 돼! 로메이는 그 일에 대해서는 생각조차 하기 싫었어. 하지만 방법이 없었어. 대체 무슨 일이었냐고?

로메이와 로스는 유치원 때부터 단짝이야. 친구들은 둘을 '로로 자매'라고 불렀어. 로스는 사랑스러운 친구야. 뺨은 뽀얗고, 머리카락은 거의 하얀 빛이지. 로스는 엄마가 만들어 주신 파란 레이스 장식이 달린 티셔츠를 입곤 했어. 여름이 오면 둘은 정원에 있는 수영장에 같이 앉아 있었지.

그런데 요즘 로스의 두 뺨이 붉어질 일이 많아졌어. 사랑에 빠졌거든. 로스는 마음을 꽁꽁 숨겼지만 온통 그 아이, 마노 생각뿐이었어. 로스는 로메이에게만 비밀을 털어놓았어.

"절, 대, 로, 마, 노, 한, 테, 말, 하, 면, 안, 돼, 알, 았, 지, 로, 메, 이?"

"물론이지."

로메이는 대답했어.

그런데 오늘 불행한 일이 벌어졌어. 로메이가 혼자 운동장에 있을 때였어. 갑자기 로메이 앞에 마노가 나타나서는 어릿광대 흉내를 냈어. 로메이는 웃음을 터뜨렸어. 바로 그때, 마노가 로메이에게 데이트 신청을 한 거야.

"뭐라고?"

"우리…… 그러니까 너랑 나랑…… 내 마음 알지?"

로메이는 혼란스러워져서 해서는 안 될 말을 했어.

"무슨 말이야. 로스가 널 좋아하는데!"

로메이는 비밀을 입 밖으로 꺼내면서 단짝 친구를 배신한 거야. 그 말을 들은 마노는 도망쳤어. 로메이가 마노의 마음을 알지 못했다면 더 나쁜 상황이 되었을지도 모르지만……. (로메이는 수도꼭지를 잠그고 거품 속으로 더 깊이 들어갔어.) 최악은 이제 로메이도 마노와 사랑에 빠졌다는 거야. 마노는 재미있고 잘생겼으니까. 로스는 아직 아무것도 몰라. 로메이는 이제 지구상에서, 아니, 그 어떤 행성을 통틀어서도 가장 나쁜 친구가 되었어.

엄마들은 어떨까? 지금쯤 무슨 일이 일어났는지 다 알지도 몰라. 로스는 어떻고? 조금 전에 승마하러 간 로스가 돌아오면, 어떻게 하지?

마노가 로스에게 관심이 없다는 걸 로스에게 말할 수는 없었어. 마노는 로메이를 좋아하고, 이제는 로메이도 마노를 좋아해. 로메이는 내일 질문할 수학 문제를 생각해야 하는데, 사랑에 관한 걸 선생님께 물어볼 수는 없어. 그렇지?

로메이는 눈물을 흘렸어. 겉으로는 티가 나지 않았어. 눈물방울이 흐르자마자 욕조 속으로 떨어져 목욕물이 됐거든. 하지만 로메이는 진짜로 울고 있었어.

쓸모 있는 수학 질문 02: 로메이

평생 흘린 눈물로 욕조를 가득 채울 수 있을까?

평생 동안 흘린 눈물을 다 모으면 욕조를 한가득 채울 수 있을까요?

그 물속에 들어가거나 둥둥 떠 있을 수 있을까요?

먼저, 평생 흘리는 눈물의 양이 얼마나 될지 생각해 봅시다.
100방울? 1,000방울?

백만 방울쯤 될까? 아니면 1극 방울?
1극은 0이 무려 48개나 붙은 수예요.

1,000,000,000,000,000,000,000,000,000,000,000,000,000,000,000,000

먼저, 누가 가장 많이 우는지를 알아야 해요.

여자애들이겠죠.

글쎄, 그 말은 사실이 아니에요.

남자나 여자나 열세 살까지는 우는 양이 같아요.

네?

아기는 태어난 첫해에 평균적으로 하루에 1시간을 운다고 해요.

선생님, 평균이 무슨 뜻이에요?

모든 아기가 항상 정확히 1시간을 울진 않으니까 우는 시간을 대표할 수를 계산한 거예요.

어떤 아기는 하루에 3시간을 울 수도 있고…

어떤 아기는 하루에 10분만 울 수도 있으니까요.

아기들이 우는 시간을 다 합친 다음에 전체 아기의 수로 나누면 평균을 구할 수 있어요.

그렇게 해서 얻은 수가 모든 아이들에게 일반적으로 적용된다고 여기고 활용하는 거예요.

이제 아기가 1시간 동안 흘리는 눈물의 양을 계산해 봅시다.

평균

여러 개의 수가 있을 때 평균을 내는 법:
① 전부 다 더한다.
② ①에서 구한 값을 수의 개수로 나눈다.

*이렇게 생긴 색깔 상자에 있는 수학 용어는 272~273쪽에서도 살펴볼 수 있어요.

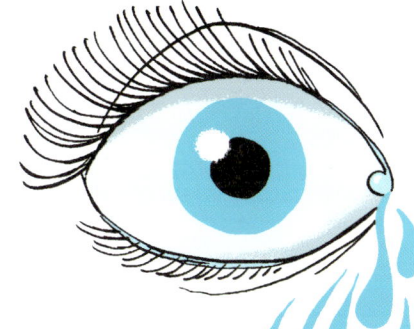
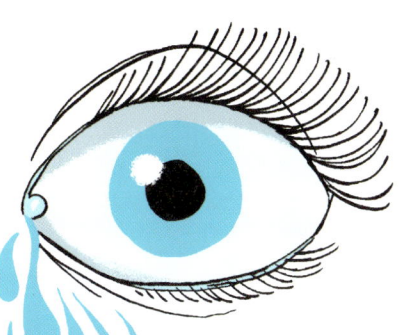

우리 눈에서 눈물은 **1**분에 **6**방울이 나와요.

선생님, 그게 정말인지 어떻게 알아요?

인터넷에서 '눈물에 대해 당신이 몰랐을 열세 가지'를 찾아보았지.

그렇군요. 1분에 6방울! 그런데 우리 눈은 두 개잖아요.

그러면 6에 2를 곱해서 1분에 12방울이네요.

맞아요. 그래서 아기 한 명이 태어난 첫해에 흘린 눈물은….

태어난 첫해(아기 때)에 흘린 눈물

365일(1년) × **60**분(1시간) = **21,900**분
21,900분 × **12**방울 = **262,800**방울

평균 수명은 나라마다 다르지만, 대략 80세라고 생각하고 계산해 볼게요. 앞서 계산한 열세 살 이후 70년 동안 흘리는 눈물의 양도 구해 봅시다.

열세 살 이후 70년 동안 흘린 눈물

남자:

70년 × 12번 = **840**번

840번 × 3분 = **2,520**분

2,520분 × 12방울 = **30,240**방울

그럼 여자의 눈물 양도 구해 볼까요?

여자는 보통 1년에 60번 정도 울고, 남자보다 두 배 오래 울어요.

그러니까….

열세 살 이후 70년 동안 흘린 눈물

여자:
70년 × 60번 = 4,200번
4,200번 × 6분 = 25,200분
25,200분 × 12방울 = 302,400방울

덧붙일 게 몇 가지 있어요.

첫째, 이 계산은 모두 '평균'을 기준으로 했어요.

더 많이 우는 남자도 있고, 더 적게 우는 여자도 있어요.

둘째, 우는 건 건강에 이로워요.

셋째, 이 눈물의 합을 보고 드는 생각이 있을까요?

	남자	여자
아기 때(0-1세)	262,800	262,800
어린이 때(1-13세)	72,000	72,000
그 후(13-83세)	30,240	302,400
합계	365,040	637,200

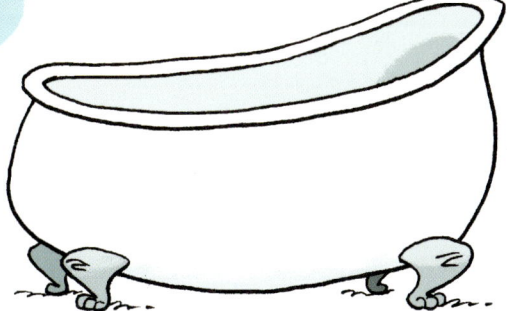

눈물 한 방울은 아주 작아요. 눈물 **20**방울이 모여야
1밀리리터가 되지요.

아기의 눈물방울은 훨씬 더 작아요.

하지만, 그것까지 고려하진
않을게요. 이미 충분히
어려운 문제니까요.

여자의 눈물 **637,200**방울을 먼저 살펴볼까요?
1밀리리터에 눈물이 약 **20**방울 정도 들어간다고 했지요?
그러면 눈물 **637,200**방울을 **20**으로 나누어
몇 밀리리터가 되는지 볼게요.

잠깐 계산기로 계산해 보면,

답은….

31,860밀리리터

1리터가 몇 밀리리터인지는
수학 교과서에 나와 있어요.
혹시 알고 있나요?

부피의 단위
1ℓ(리터) = **10**㎗(데시리터) = **100**㎗(센티리터) = **1000**㎖(밀리리터)

욕조를 채워서 둥둥 떠 있기에 충분한 양일까요?

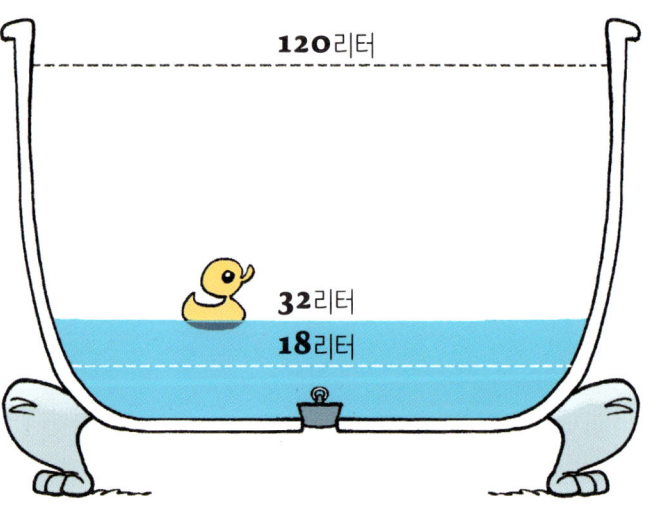

맞아요. 욕조 하나에는 물이 **120**리터나 들어가요. 그러니 **32**리터의 눈물로는 턱없이 부족하지요.

그리고 남자의 눈물은 욕조에 훨씬 더 낮게 깔리겠죠. 눈물방울 **365,040**개는 겨우 **18**리터가 조금 넘는 정도니까요.

그러니 로메이, 정답은 '아니오.'예요.

평생 흘린 눈물을 모아도 욕조를 채울 수는 없답니다.

그러면 로메이…

내 눈물을 가져가….

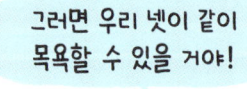

그리고 디데랑 테사의 눈물도 다 가져가. 그러면 4 곱하기 32니까… 100하고, 잠깐만…

눈물 128리터가 모인다!

그러면 우리 넷이 같이 목욕할 수 있을 거야!

수업이 끝난 뒤
티네 선생님이 튀르 선생님에게

"눈물엔 크게 세 가지 종류가 있대요. 첫째, 눈알이 촉촉한 상태를 유지하도록 하는 눈물이에요. 우리가 알아차리지 못할 뿐, 눈에서 계속 만들어지고 있죠. 둘째, 눈 밖으로 나와 뺨을 타고 흐르는 눈물인데, 두 가지로 나뉘어요. 하나는 감정이 폭발할 때 흘리는 눈물이에요. 너무 슬프거나 기쁠 때 흐르는 눈물이지요. 다른 하나는 방어를 위한 눈물이에요. 양파를 썰거나 강풍을 뚫고 걸을 때 나오는 눈물이요. 이런 눈물은 모두 다른 물질로 이루어져 있답니다."

일곱 명을 위한 디저트
디데의 이야기

'한 주 동안 별일이 다 있었네.'

디데는 자전거를 타고 집으로 가면서 생각했어.

"험담을 하면 안 돼. 험담은 좋은 식물에 독을 뿌리는 것과 같단다."

디데의 엄마는 이렇게 말하곤 했어. 하지만 무슨 일이 벌어진 것 같은데 아무도 이야기하지 않는다면, 누구에게든 말하고 싶어지지 않겠어? 디데가 하고 싶은 말들도 험담일까? 아니면 비열한 말을 할 때만 험담이라고 하는 걸까?

디데는 로스와 로메이에 관해 생각하고 있었어. 둘은 유치원 때부터 단짝이었고, 쌍둥이 자매 같다는 이야기도 종종 들었어. 쉬는 시간이면 늘 함께 있었지. 그런데 누구라도 그 사이에 낄 수 있었어. 그 점이 아주 특별했어. 그 둘이 다른 누군가를 험담할까 봐 걱정하지 않아도 되니까.

'험담은 좋은 식물에 독을 뿌리는 거니까……'

로로 자매가 싸운 것 같진 않았어. 여전히 함께 대화를 나누거든. 하지만 이야기의 내용이 바뀐 것 같았어. 맞아, 그래 보였어. 로로 자매 주변에 친구들이 떠나면, 둘은 갑자기 지구 온난화 같은 어려운 주제로 토론이라도 하듯 찌푸린 표정이 되었어. 그러다 닐러와 사야가 와서 시끄럽게 말하기 시작하면, 둘은 하던 이야기를 멈추고 닐러와 사야의 말을 귀 기울여 들었어. 잘은 모르겠지만, 로로 자매에게 아무래도 유쾌하지 않은 일이 벌어진 것 같았어.

무슨 일이 일어난 걸까? 도대체 무슨 일이지? 디데는 누구와 이 일에 대해 험담처럼 들리지 않게 의논할 수 있을까?

"엘리제 언니!"

집으로 돌아온 디데는 큰 언니 엘리제가 무언가를 굽고 있는 걸 보았어. 엘리제는 큰 도시에서 제과 제빵 학교를 다니는데 다행히 집에 자주 오는 편이야.

"무슨 케이크 만들어?"

"케이크가 아니라 초콜릿 비트 머핀이야."

디데는 잠시 생각했어. 엘리제 언니에게 한번 물어볼까. 언니는 친구들이 많거든. 언니라면 어떤 문제에 관해 비열해지지 않으면서 이야기하는 법을 알지도 몰라. 주변에서 일어나는, 이해할 수 없지만 디데를 계속 성가시게 하는 그런 문제들에 대해 말이야. 그때 갑자기 엘리제가 말했어.

"디데, 네 생일 파티에 쓸 특별한 디저트 조리법을 발견했어. '뒤죽박죽 이튼'이라는 건데, 다 함께 만들면 어떨까? 무척 재밌을 거야. 그리고……."

"야호!"

디데가 소리를 질렀어. 그러고는 엘리제를 잠시 동안 꽉 껴안았지.

"어머! 내가 뭘 잘해서 이렇게 하는 걸까?"

"그냥 안아 주고 싶어서."

"히히. 파티에 올 사람들이 몇 명이지? 내가 가진 조리법은 네 사람 기준이야. 여덟 명이면 두 배로 곱하면 돼."

"언니랑 나, 엄마. 그리고 사야랑 닐라랑 로스와 로……."

디데는 문득 이번 주에 벌어진 이상한 일들이 생각났어. 로스와 로메이가…….

"로메이 말하는 거지? 그러면 전부 일곱 명이네?"

"맞아. 그런데……."

"그런데, 뭐?"

"언니, 내가 학교 친구들에 대해 언니랑 이야기를 나누는 건 험담 아니지, 그치?"

쓸모 있는 수학 질문 03: 디데

4인분 조리법으로 7인분을 만들려면?

"지난 주말에 네 질문에 대해 생각하면서, '뒤죽박죽 이튼'을 직접 만들어 봤어요!"

"정말 맛있었지! 너무 좋아서 오늘 친구들과 다 함께 만들어 볼까 해요!"

"그 전에 먼저 계산을 해 보지요. '뒤죽박죽 이튼' 4인분에는 재료가 얼마나 들어갈까요?"

뒤죽박죽 이튼 (이튼 메스)

4인분

머랭 쿠키: **12**개

생크림: **200**밀리리터

딸기: **400**그램

무게의 단위
1 kg(킬로그램) = **1000** g(그램)

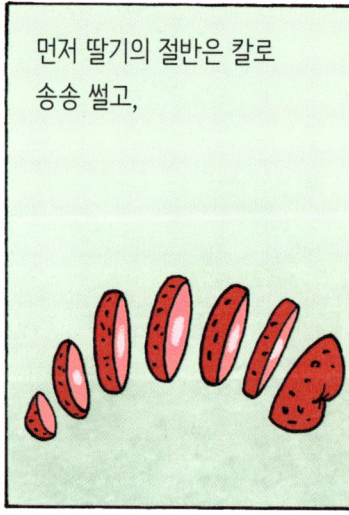

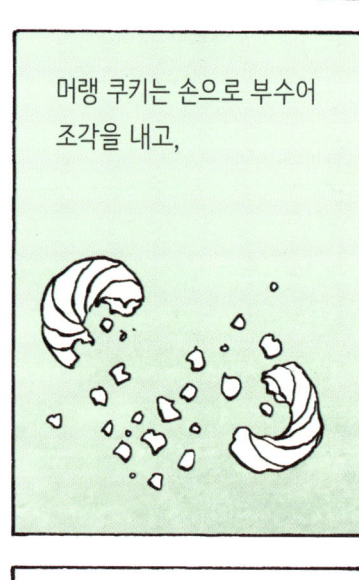

선생님! 우리 가족은 세 명인데, 부모님이 디저트를 엄청 좋아하셔요.

이럴 때도 계산할 수 있나요?

물론이지요!

첫 번째 단계가 가장 중요하답니다!

1인분을 위해 재료가 얼마나 필요한지 먼저 계산해 보는 거죠!

1인분 재료

머랭 쿠키:	**12**개 ÷ **4**명	= **3**개
생크림:	**200**밀리리터 ÷ **4**명	= **50**밀리리터
딸기:	**400**그램 ÷ **4**명	= **100**그램

잘했어요. 그럼 이제 7인분을 만들 수 있는 재료를 계산해 볼까요?

7인분 재료

머랭 쿠키:	**3**개 × **7**명	= **21**개
생크림:	**50**밀리리터 × **7**명	= **350**밀리리터
딸기:	**100**그램 × **7**명	= **700**그램

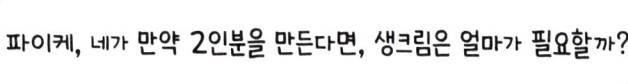

'뒤죽박죽 이튼'에서 '이튼'은 영국의 유서 깊은 기숙 학교 이름이에요.

이튼에서는 수백 년 동안 스포츠 경기가 있을 때마다 '뒤죽박죽 이튼'을 먹었지요. 또 다른 기숙 학교 '랜싱'에서는 딸기 대신 바나나를 넣은 뒤죽박죽 디저트를 먹어요.

우리도 학교 이름을 따서 '뒤죽박죽 홉시카'를 만들어 볼까요?

여러분이 좋아하는 과일은 무엇인가요?

라즈베리를 좋아해요!

사과요!

블랙베리요!

저는 포도요!

전 한라봉이랑 감귤이요!

파파야요!

키위요!

방울 양배추요!

수업이 끝난 뒤
주방에서 엘리제가

"머랭 쿠키는 여러분도 만들 수 있답니다. 달걀 3개의 흰자와 제빵용 백설탕 125그램이면 12개가 만들어지지요. 우선, 달걀흰자가 뻣뻣해질 때까지 휘저어요. 그다음, 설탕을 넣고 거품이 윤기를 내며 끝이 뾰족해질 때까지 섞어요. 이렇게 만든 반죽을 짜주머니에 넣고 12개로 나누어 짠 뒤, 베이킹 틀에 넣어 125도에서 30분 동안 구워요. 오븐을 끄고 약 5분 동안 식히면 완성입니다."

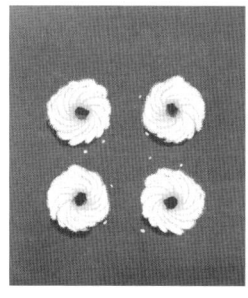

아빠와의 영상 통화: 우주에 대하여
파트릭 1번의 이야기

"파트맨!"

"아빠, 그렇게 부르지 않기로 하셨잖아요."

"음, 그랬지. 흠흠."

"지금은 어디 계세요?"

"싱가포르야. 부엌에 내 일정표 있지?"

"아, 그러네요. 비행은 어땠어요?"

"아주 조용했지. 그런데 꽤 괜찮은 여자아이들 몇 명이 조종실로 구경을 왔지 뭐니. 사진 하나 보내 줄까?"

"웃기는 소리 하지 말고요, 아빠."

"하하, 학교는 어땠니?"

"이제 제가 수학 문제를 낼 차례예요."

"오, 생각해 둔 거 있어?"

"우주에 대해 질문하고 싶어요. 근데 친구들이 절 괴짜로는 안 봤음 좋겠어요."

"무슨 괴짜? 세상을 돌아가게 하는 건 괴짜들이야. 다른 아이들이 어떻게 생각하든 신경 쓸 필요가……."

"아휴, 아빠."

"왜? 내 말이 맞지. 페르세우스 유성우에 관한 질문은 어때? 올해는 우리가……."

"아빠, 잠시만요. 파트릭 2번이 왔어요."

[파트릭 2번에게] "들어와! 아빠랑 영상 통화를 하고 있었어. 과자 먹을래?"

[파트릭 2번에게] "페르세우스 유성우? 예전에 아빠랑 천문대에 가서 유성우를 관찰했어. '스위프트-터틀' 혜성에서 떨어진 조각들이 엄청나게 쏟아졌거든."

[파트릭 2번에게] "음, 맞아. 이걸로는 수학 문제를 만들 수 없어."

"아빠, 이걸로는 수학 문제를 못 만들어요."

"그러면, 우주의 팽창에 대한 문제는 어떨까? 아니면 쌍성계는? 토성이 지구를 사이에 두고 태양과 반대 방향에 놓일 때는 어때? 아님 중력파는 어떠니?"

"아빠! 아무도 이해하지 못할 거예요!"

"친구들이 꼭 이해해야 해?"

"안 그러면 친구들이 모두 저를……."

"괴짜로 생각할 거라고? 그래, 그래. 하지만 괴짜들이 과학자가 되고, 바로 그 과학자가 인류를 구한다고 생각할 수도 있지. 아이들이 어떻게 말하든 그대로……."

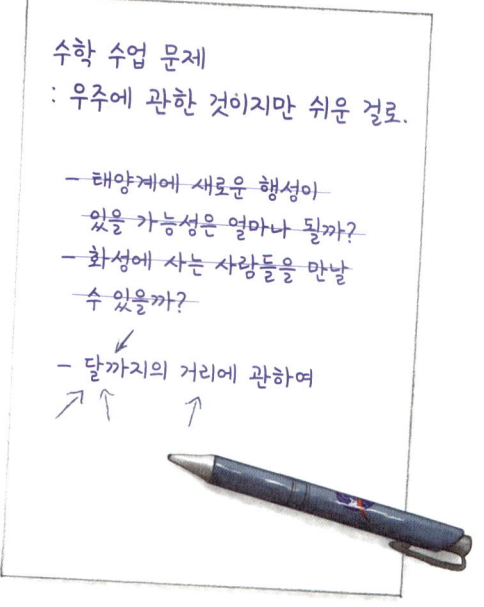

"아빠, 그만요!"

[파트릭 2번에게] "그래, 나도 그러고 싶지. 한 봉지 다 먹어 치울 거야?"

"아들, 그래서 질문은 아직이야?"

"좀 더 쉬운 걸로 할 거예요. 파트릭 2번이 이해할 만한 것으로요."

[파트릭 2번에게] "야, 우리 베개 싸움 할까? 이야아아압!"

"파트릭?"

[베개 싸움 소리] "파트맨?"

— 영상 통화 종료 —

쓸모 있는 수학 질문 04: 파트릭

지구와 달을 잇는 다리를 짓고, 지금부터 그 다리를 걷기 시작한다면, 우리가 늙기 전에 달에 도착할 수 있을까?

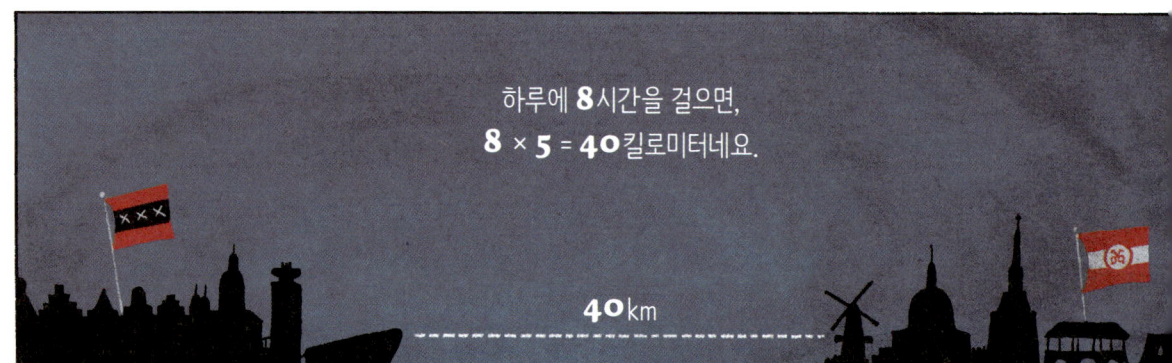

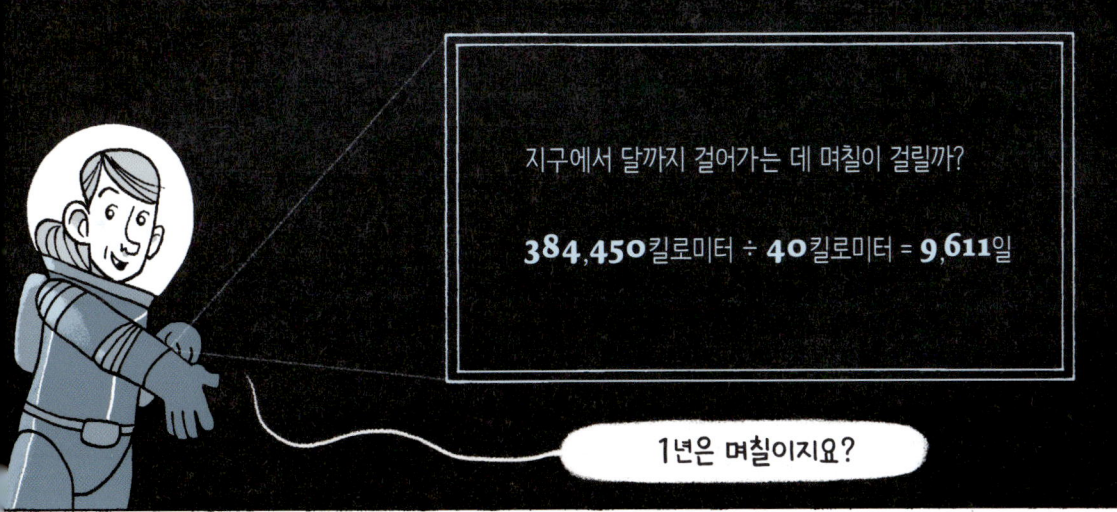

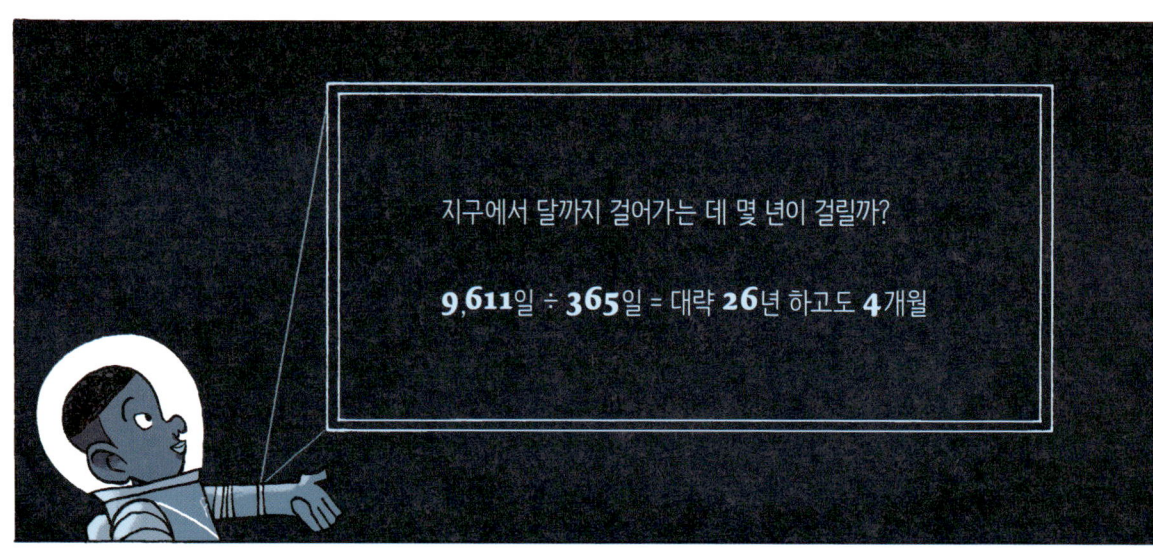

태양계 행성인 화성까지 가는 시간도 계산해 볼 수 있어요.
지구에서 화성까지 걸어간다면, 대략 **15,000**년이 걸려요.

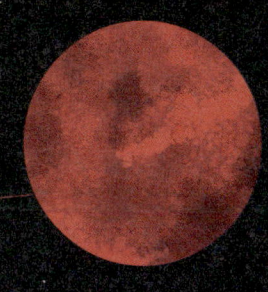

태양계 가장자리에 있는 왜행성인 명왕성까지는 **340,000**년 정도 걸리지요.

재미있게도 우주 비행사들은 그렇게 멀리까지 가지 않아요.
우주 비행사들은 대부분 지구에서 **400**킬로미터가량
떨어진 국제 우주 정거장에 둥둥 떠 있지요.

우주 정거장까지 걸어가려면 며칠이 필요할까요?

400을 40으로 나누면 되니까, 10일이네요.

갈 만하네요. 다리만 있다면요.

제 진짜 질문은 이거예요. 그런 다리를 짓기까지는 시간이 얼마나 걸릴까요?

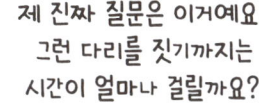

수업이 끝난 뒤
아빠와의 영상 통화에서 파트릭 1번이

"아, 아빠. 티네 선생님이 2018년 미국에서 개기 일식을 보셨대요. 지구에서 보이는 달과 태양의 크기가 같아지는 건 아주 우연히 이루어지는 일인데, 덕분에 아름다운 개기 일식을 볼 수 있으셨대요. 달이 더 컸다면 태양의 후광이 안 보였을 거고, 달이 조금이라도 더 작았다면 개기 일식 자체를 볼 수 없으셨겠죠?"

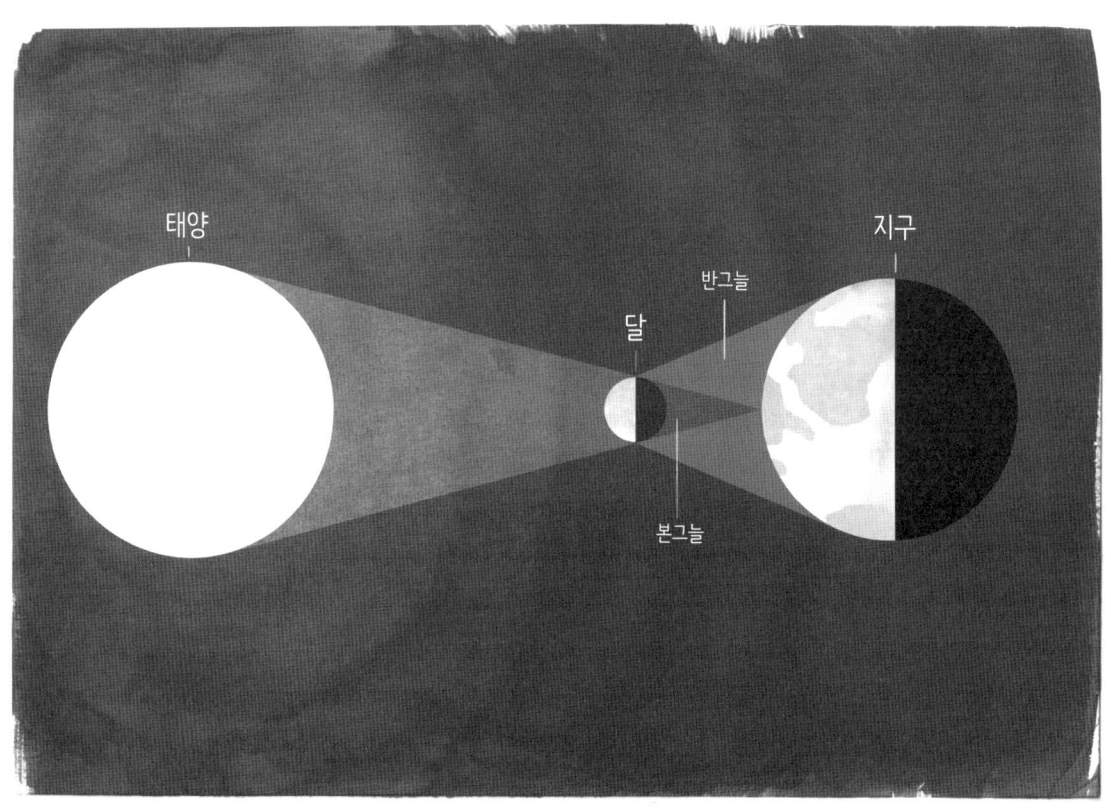

축구, 그리고 진짜 우정
파트릭 2번의 이야기

'초콜릿 바를 너무 많이 먹었나 봐.'

파트릭 2번은 이렇게 생각하며 신발을 가방 속에 조심스레 넣었어. 엄마가 이번에는 새 신발을 얌전히 다뤄 달라고 했거든. 신발을 사물함에 바로 넣지 말고, 가방에 먼저 담으라고 했어. 가방을 사물함에 넣고 자물쇠를 잠근 뒤에는 열쇠를 축구 바지 안주머니에 잘 넣으라고도 했지. 꽤나 번거로운 일이었어. 그래서 파트릭이 아까 그 많은 초콜릿 바를 파트릭 1번과 먹어 치웠는지도 몰라.

오, 저기 훈련 선생님이 오시네.

파트릭은, 아니, 팀 전체가 재빨리 자리에 앉아야 했어. 파트릭은 가방을 탈의실 벤치 밑에 서둘러 밀어 넣었지.

파트릭의 팀은 세 번 연속으로 졌어. 그리고 오늘은 토요일에 있을 경기 전 마지막 훈련 날이야. 이번에는 절대 질 수 없어. 또 이기지 못하면 부모님들이 들고일어나 불평을 쏟을 테고, 훈련 선생님은 미쳐 버릴 테니까.

"그래, 이 느림보들아! 현실을 말해야겠다. 너희들……."

훈련 선생님은 탈의실 벤치에 앉은 아이들을 왼쪽부터 오른쪽까지 매서운

눈으로 노려보았어. 파트릭은 맨 끝에 앉아 있었지. 파트릭 1번은 "그럴 땐 머릿속으로 '멍멍이 토'만 생각해."라고 말하곤 했어. 그래서 파트릭은 딴생각을 하려고 애썼어. 멍멍이 토, 멍멍이 토, 멍멍이 토.

"너희는 진정한 우정이 뭔지 몰라. 서로를 위해 뜨겁게 뭔가를 해 본 적이 없다고! 축구는 팀 스포츠야. 이럴 거면 차라리 배드민턴이나 체스를 해! 우정이란 친구를 먼저 생각하고 그다음에 자신을 생각하는 거야. 친구가 뭘 하기 전에 그 친구가 하려는 걸 알아야 한다고! 너희는…… 이기주의자야! 네 녀석들은 서로 친구가 되고 싶지 않은가 보다. 그러니……."

멍멍이 토, 멍멍이 토, 멍멍이 토. 파트릭은 생각했어.

축구란 잔디 냄새야.

축구란 공을 발등으로 찰 때 나는 둔탁한 소리야.

축구란 우리 팀이 골을 넣었을 때 뜨겁게 환호하는 거야.

축구란 하다 보면 너무나도 피곤해서 빨리 경기를 끝내고 뜨거운 코코아에 입을 대고 싶게 하는 거야.

축구란 파트릭 1번에게 왜 축구가 재밌는지 몇 시간이나 말하게 하는 거야.

하지만 훈련 선생님은 축구를 너무 어렵게 만들어. 선생님은 팀원들에게 욕을 한 바가지나 퍼붓고 필드에 내보낸다니까. 경기에서 지면, 선생님은 마치 세계 대전에서 진 것처럼 행동하지. 그리고 이제는 팀원들이 우정을 모른다고 하네.

파트릭 1번과 파트릭 2번, 또는 P1과 P2. 두 파트릭은 스스로를 그렇게 불렀어.

"미치겠군. P1과 P2라니, 주차장도 아니고. 그렇지 않니?"

제프리 삼촌이 이렇게 말하면 파트릭들은 서로를 바라보며 웃었지. 둘은 종종 삼촌이 운영하는 스낵바에서 저녁을 먹곤 했어.

파트릭들은 모두 초콜릿 바를 좋아해. 하지만 성격은 완전히 달라. 파트릭 1번은

괴짜에 모범생이고, 파트릭 2번은 운동선수니까. 하지만 그건 결코 문제가 되지 않았어. 둘은 정말 잘 통했어. 둘은 파트릭 1번의 침대에서 초대형 베개로 서로의 머리를 치며 신나게 놀곤 했어.

지난주에는 다른 학교 남자아이 셋이 파트릭 1번을 괴롭혔어. 파트릭 1번은 무슨 일이 일어났는지 말하고 싶지 않았지. 하지만 파트릭 2번은 곧 알아챘어. 말을 하지 않아도 마음을 읽을 수 있으니까. 파트릭 2번은 너무도 화가 나서, 파트릭 1번에게 자전거를 타고 그 고약한 녀석들에게 소리를 지르라고 했어.

"물어뜯을 것처럼 괴성을 질러! 그래야 겁이 나서 다시는 그런 짓을 안 하지."

고함을 치는 건 정말로 효과가 있었어. 파트릭 2번은 그때를 떠올리며 웃었어.

"야, 파트릭 호프란트! 웃어? 지금 웃는 거야?"

훈련 선생님이 소리쳤어. 바로 그때, 파트릭은 이만하면 충분하다는 생각이 들었어. 파트릭은 벤치 밑에서 가방을 꺼냈어. 아직 사물함에 넣지 않은 게 다행이었지. 그러고는 일어서서 걸어 나갔어.

팀 전체가 얼어붙었어. 훈련 선생님은 소리를 질렀어.

"어디 가는 거야?"

우갸아아악!

"초콜릿 바를 너무 많이 먹어서요."

파트릭은 선생님을 지나치며 말했지.

"어머? 벌써 집에 왔니? 아직도 운동복을 입고 있구나?"

파트릭은 엄마에게 인사를 하는 둥 마는 둥 하고 계단을 단숨에 올라 자기 방으로 들어갔어. 그리고 아빠에게 문자를 보냈지.

"축구는 그만할래요. 훈련 선생님 말씀이 맞아요. 전 선생님을 위한 우정과 열정은 품을 수가 없어요."

학교로 가져갈 쪽지도 썼어.

"튀르 선생님, 티네 선생님. 수학과 축구에 관한 문제로 수업을 해 주세요. 그러면 좀 더 재미있을 것 같아요."

그러고 나서 파트릭은 파트릭 1번에게 전화를 걸었어. 전화는 음성 메시지로 연결되었지.

"어이, 주차장 1번! 나 지금 너한테 가고 있다. 축구는 취소됐어. 훈련 선생님이 다리를 다쳤거든. 어디서 다친 건지 알아? 엄청 큰 멍멍이 토 웅덩이를 밟았어!"

꽤액! 꾸악! 끄억!

쓸모 있는 수학 질문 05: 파트릭 2

축구와 관련된 재미있는 수학이 있을까?

음, 파트릭. 네 질문은 약간 모호하게 느껴지는군요.

그럼, 축구에 관한 수학 상식을 몇 가지 알려 줄게요.

내 등 뒤에 있는 공은 어떤 모양일까요?

구 모양요! 그리고 검은색과 흰색이 섞여 있어요.

검은색과 흰색! 그렇죠.

그렇다면 검은색과 흰색 조각은 모두 같은 모양일까요?

공은 사실 완전한 구 형태는 아니에요. 검은색 오각형 조각과 하얀색 육각형 조각을 꿰매 붙여 둥그런 모양에 가깝도록 하고, 쥐었을 때의 느낌을 더 좋게 만든 것이죠.

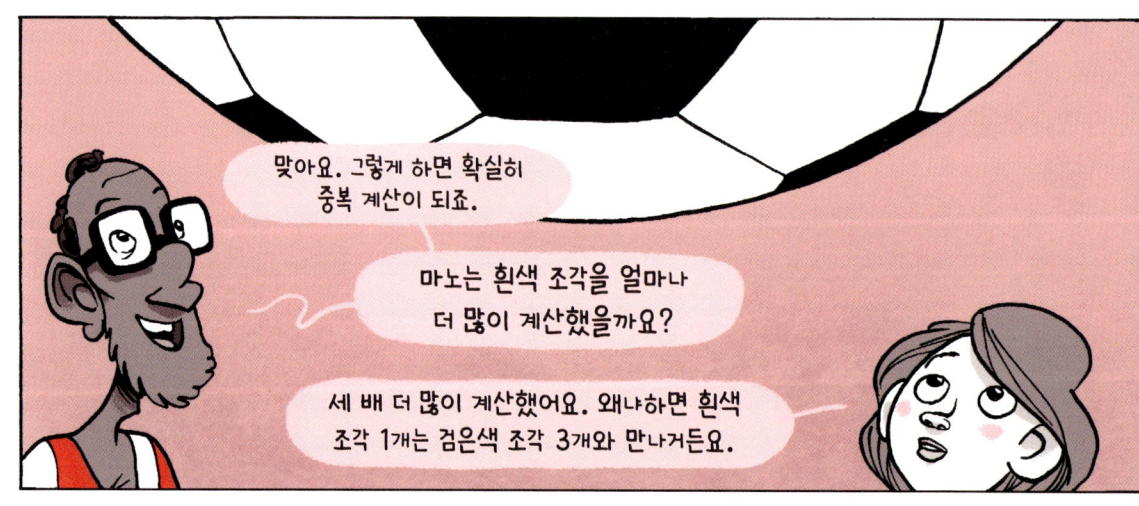

많은 축구 팀에서 전문가를 고용해 페널티 킥을 하는 가장 좋은 방법에 관한 수학 자료를 수집한답니다.

특히 독일 사람들이 이런 계산을 잘하지요.

실제로 독일은 다른 나라에 비해 승부차기로 우승을 더 많이 했어요.

문제:

- 한 축구 선수가 골대 왼쪽 위 모서리를 향해 공을 세게 찼다.
- 공의 속도는 초속 **24**미터다.
- 공을 찬 지점과 골대 왼쪽 위 모서리 간의 **거리**는 **12**미터다.
- 골키퍼가 왼쪽 위 모서리까지 점프하는 데는 **0.6**초가 필요하다.
- 질문: 이 골키퍼는 공을 막을 수 있을까?

이런 계산은 무척 어렵죠.

하지만 축구 선수들이 진짜로 알고 싶어 하는 것이기도 해요.

우리는 공이 12미터를 가는 데 걸리는 시간을 계산해야 해요.

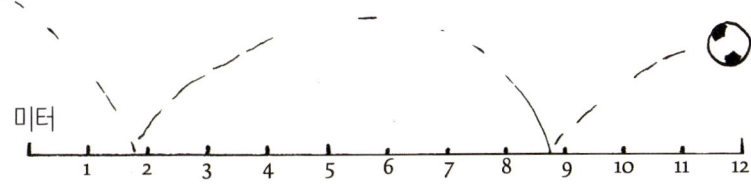

공은 초속 24미터로 움직이지요.

그러니까 12미터를 초속 24미터로 나누어야 해요.

아래와 같이요!

12미터 ÷ 초속 24미터 = 12 ÷ 24초
= $\frac{12}{24}$초 = $\frac{1}{2}$초 = 0.5초

분수

분수는 어떤 수를 모두 같은 크기로 쪼개어 나눈 거예요.

가운데 실선 아래에는 전체의 조각 개수를 적고, 가운데 실선 위에는 그중 몇 조각에 해당하는지를 적어요.

$\frac{5}{8}$는 8조각 중 5개라는 뜻이에요.
8분의 5라고 읽지요.

$\frac{2}{3}$는 3조각 중 2개라는 뜻이에요.
3분의 2라고 읽지요.

실선 위의 숫자는 **분자**라고 해요.
실선 아래의 숫자는 **분모**라고 하고요.

소수점 아래 자릿수

점이 표기된 숫자도 분수의 일종이에요.
1을 10개로 나눈 것을 0.1(10분의 1)이라 불러요.
1.4는 1이라는 자연수에 0.4라는 소수(10분의 4)를 더한 거예요.
6.9는 자연수 6과 소수 0.9(10분의 9)를 더한 거예요.

10분의 1도 나눌 수 있을까요?
네, 10분의 1을 10으로 나눈 것을 100분의 1이라고 하고, 소수점 아래 둘째 자리에 써요.
100분의 1을 10으로 나눈 것은 1000분의 1이라고 하고, 소수점 아래 셋째 자리에 쓰지요.
그 뒤로도 그 아래 자리로 나뉘고… 나뉘고… 계속되지요.

그러면 공이 골키퍼보다 더 빠르네요.

골키퍼가 움직이는 데는 0.6초가 필요하니까요.

그래서 골키퍼들은 상대 선수가 공을 차기 전에 점프를 시작해야 해요!

하지만 어느 쪽으로 가야 할까요?

왼쪽? 오른쪽?

그래서 축구 팀에서 전문가를 고용하는 거예요.

어떤 선수가 왼쪽이나 오른쪽으로 공을 차는 확률을 알아내기 위해

그 선수의 과거 페널티 킥 영상 자료를 전부 다시 살펴본답니다.

축구는 수학이에요!

아니면 그냥 공을 세게 차는 것일 수도요!

수업이 끝난 뒤
학교 운동장에서 파트릭 2번이 파트릭 1번에게

"수업 끝나고 튀르 선생님이 뭐라고 하셨는지 알아? 경기장 밖으로 나간 공을 안으로 던져 넣을 때, 공을 멀리 보내고 싶으면 너무 높이 올려 던지면 안 된대. 공을 낮게 던져야 공에 좀 더 속도를 실을 수 있대. 그리고 이것도 다 계산할 수 있대!"

왕좌에 앉은 쌍둥이 친구
로스의 이야기

　로스는 계속 킥킥댔어. 멈출 수가 없었어. 2분 전만 해도 화가 잔뜩 나 있었는데 말이야. 모든 일은 쪽지 한 장에서 시작되었어.

　쪽지는 로스의 머리카락 속에서 나타났어. 말 그대로였어. 체육 수업을 들으러 가는 길에 목 주변에서 갑자기 이상한 게 느껴졌거든. 로스는 머리카락에서 돌돌 말린 종이를 꺼내고는 펼쳐서 읽어 보았어.

　"오, 내 마음의 주인님. 나의 다음번 편지를 친절히 기다려 주세요."

　잠시 후, 아흐메드가 다가왔어. 정말 이상한 일이야. 로스는 아흐메드와 대화를 해 본 적이 없거든. 아흐메드는 빨간 냅킨을 오른팔에 걸고 있었어. 손에는 납작한 접시가 들려 있었지. 그 위에는 쪽지와 함께 사과 한 조각과 포도 두 알이 웃는 얼굴 모양으로 담겨 있었어. 로스가 물었어.

　"이게 뭐야?"

　"아무도 안 볼 때 읽어 봐."

　아흐메드는 접시를 내려놓으며 로스에게 속삭이고는, 로스가 정신을 차리기도 전에 사라졌어. 로스 옆에 있던 2학년 아이들(로스가 잠시 돌보고 있었어.)이 웃기 시작했어. 로스는 쪽지를 들고 화장실로 가서 펼쳐 보았어.

　"오, 내 마음의 주인이시여. 당신의 시간이 황금과도 같다는 걸 알고 있어요. 하지만 괜찮으시다면, 오늘 수업이 끝난 뒤 유치원 창고에서 잠시 저와 함께하지 않으시겠습니까? — 당신의 M (추신: 비밀을 지켜 주세요.)"

　'당신의 M이라고? 마노인가 봐!'

문제는 마노였어. 로스는 지난여름부터 마노에게 빠져 버렸어. 마노를 보면 숨을 삼킬 수조차 없었어. 마노의 두 눈은 로스의 심장을 찌를 것 같았어. 로스의 심장은 일곱 번이나 사고를 당한 오래된 버스 같았어.

그런데 로스의 단짝 친구 로메이가 마노를 빼앗았어. 아니, 빼앗은 건 아니야. 로메이가 진실을 말해 주었거든. 하지만 로스는 두 배로 상처를 받았어. 마노는 로스와 같은 마음이 아니었고, 단짝 로메이를 잃었으니까. 로스는 로메이가 나쁜 아이가 아니라는 걸 알았지만, 머릿속에서는 "아니야, 못된 계집애야!"라고 소리치는 유튜브 영상이 떠올랐어. 로스는 로메이와 더 이상 한마디도 하지 않았어.

그런데 마노에게 쪽지를 받았어. 로메이를 향한 마노의 마음은 로메이의 죄책감 때문에 결실을 맺지 못했어. 그래서 마노가 마음을 바꾼 걸까? 아니라면 대체 왜?

수업이 끝난 뒤 로스는 가만히 코트를 입었어. '가만히'라고 했지만 로스의 팔과 다리는 풀린 나사가 빠지기 직전인 것처럼 덜덜 떨리고 있었어.

교실에서 나와 운동장을 걷던 로스는 어느 순간 옆에 스벤이 있다는 걸 알아차렸어. 로스는 스벤이랑도 대화를 나눠 본 적이 없었지. 스벤은 팔을 쭉 펴서 학교 뒤쪽 왼편을 가리키고는 히죽 웃었어. 로스는 그쪽으로 걷기 시작했어.

모퉁이를 돌아서자 마노가 보였어. 마노의 근사한 모습에 로스의 마음이 요동쳤어. 마노는 왕좌를 향해 손짓했어. '왕좌'라니, 실은 평범한 교실 의자였어. 하지만 등받이에는 예쁜 종잇조각이 매달려 있었고, 다리에는 꽃 장식이 있었지.

"내 마음의 주인님, 여기에 앉아 주세요."

마노가 말했어. 그런데 이상했어. 왕좌가 두 개였어. 마노가 또 말했어.

"내 마음의 주인님, 여기에 앉아 주세요."

로메이에게 말이야! 로메이가 다른 쪽에서 걸어오고 있었어.

"두 개의 왕좌. 두 명의 주인이여. 부디 화내지 말아 주세요. 자, 자, 둘 다 앉으시고, 제 말을 들어 주세요."

로스는 바보가 된 기분이었어. 어떻게든 도망치고 싶었지. 그때 로메이가 말했어.

"좋아, 5분 줄게."

로스는 아무 말도 하지 않았어. 만약 했다면 무척 화난 것처럼 들렸을 거야. 로스는 왕좌에 앉았어. 그러면서 마노를 약간 자기 쪽으로 끌어당겼어. 마노가 로메이 쪽에 너무 가까울 필요는 없으니까.

"음. 우선 나의 충성스런 도우미들, 스벤과 아흐메드에게 감사를 표하고 싶네요. 고마워요."

마노는 기침을 하고는 말을 이었지.

"나의 사랑의 지배자들이여, 우리에게 무슨 일이 일어났나요? 로메이, 난 당신에게 감염된 것 같았어요. 나의 사랑을 표현하고 싶었죠. 당신은 여전히 내 마음 깊은 곳에 있어요. 하지만…… 로스가 저를 좋아한다는 말을 들었어요. 그 말을 들은 내 심장은 두 개의 스피커처럼 울렸어요. 사랑을 두 배로 하게 된 거예요. 여러분은 두 명의 지배자예요! 두 분은 함께 거울을 본 적이 있나요? 여러분은 쌍둥이 같은 친구지요. 그래서……"

마노는 잠시 뜸을 들이며 한숨을 쉬었어. 로스는 온몸이 오디오처럼 울리는 것 같았어. 왕! 왕! 왕! 마노도 날 좋아하는구나! 좋아, 로메이에게도 마음이 있지만, 내게도 있어. 로스는 옆을 흘긋 보았어. 로메이 역시 옆을 보았지.

그런데…… 마노가 할 말이 더 남았나 봐. 마노의 말을 들어 볼까?

"그래서 두 분을 오늘 이 왕좌로 초대한 거예요. 여러분 앞에서 말하고 싶었거든요. 정직하고 진솔하게, 제가 만나고 싶은 사람은……."

그 순간, 로스는 이만하면 됐다는 생각이 들었어. 펑! 심장이 한 번 더 요동치고는 멈춰 버렸어. 로스는 더 이상 마노와 데이트하고 싶지 않았어. 마노는 여전히 멋지고 웃기고 똑똑해. 하지만 이건 옳지 않아. 마노가 누구를 고를지를 기다리고 있다니……. 로스는 벌떡 일어나 걸어가려 했어. 그때…….

"제가 데이트를 하고 싶은 건 둘 다 아니에요."

마노가 말했어. 로스 옆에 있던 로메이도 벌떡 일어났어.

"잠깐만, 뭐라고?"

로스가 말했어.

"둘 중 누구와도 만날 수 없어요. 물론, 난 여전히 사랑에 푹 빠져 있어요. 하지만 지난 몇 주를 돌이켜 봐요. 단짝이었던 두 분이 갑자기 아무것도 아니게 된다고? 나 때문에? 그건 옳지 않아요. 이렇게 될 수는 없어!"

마노는 열정적으로 말을 이었어. 이슬람 지도자라도 된 것처럼 보였지. 마노는 손을 가슴에 올리고는 엄숙하게 말했어.

"나는 이곳에서 선언하기를…… 어…… 어…….'

그리고는 웃음을 터뜨렸어. 로스는 옆을 바라보았어. 로메이도 웃기 시작했어.

"아, 쳇! 어떻게 끝맺으려고 했는지 잊어버렸네!"

로스는 더 이상 참지 못하고 웃음을 터트렸어. 로스와 로메이가 일주일에 한 번씩은 함께했던 그 웃음을 말이야. 하지만 웃음은 오래가지 않았어. 불쌍한 마노, 앞으로도 한동안은 어떻게 말해야 할지 알아내지 못할 거야.

갑자기 로스와 로메이 사이의 모든 게 풀린 듯했어. 로스는 금요일에 어떤 질문을 해야 할지 퍼뜩 알게 됐어. 바로 쌍둥이 같은 친구에 관한 거야!

쓸모 있는 수학 질문 06 : 로스

나의 도플갱어와 같은 반이 될 확률은?

오늘의 수학 문제는 나와 똑같이 생긴 '도플갱어'에 관한 거예요.

로메이와 저는 쌍둥이 같은 친구예요. 우리가 같은 반에 있는 건 그냥 우연이겠죠?

아니면 모든 사람에게 도플갱어가 있나요?

도플갱어와 같은 반에 있을 확률은 얼마일까요?

로스, 질문이 한꺼번에 너무 많네요. 하나씩 살펴보죠.

쌍둥이 같은 친구 말고, 진짜 쌍둥이에 관한 이야기를 먼저 해 볼까요?

지난해, 이 도시에서는 **3,400**명의 아기가 태어났어요.

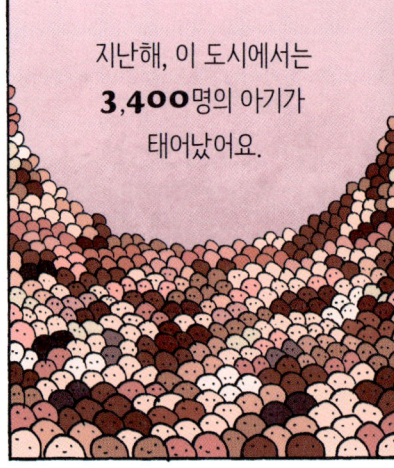

그중에 쌍둥이는 몇 쌍이었을까요?

6쌍!

100쌍!

333쌍!

답은 **51**쌍이에요.

하지만 그 아기들이 전부 서로의 도플갱어는 아니잖아요?

어떤 쌍둥이들은 서로 하나도 안 닮았어요.

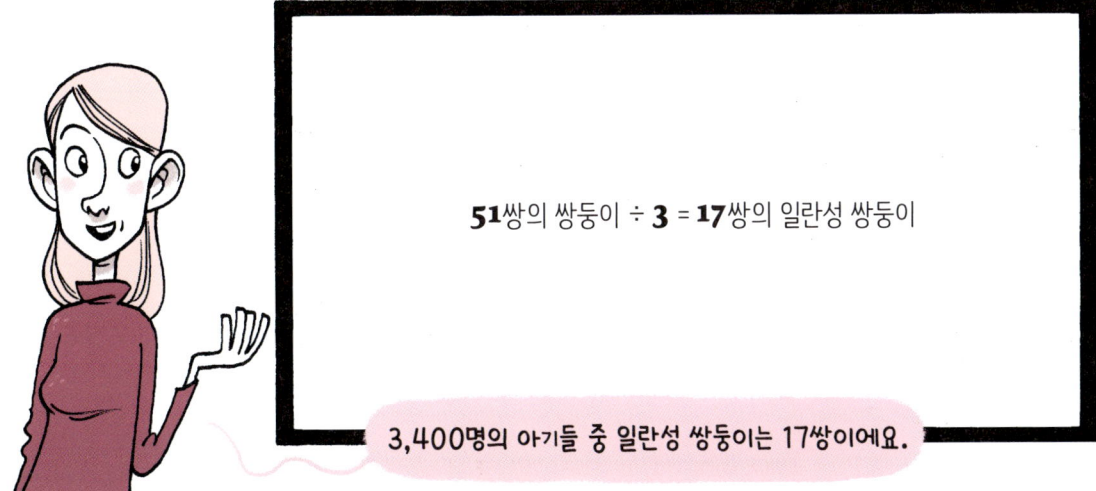

자, 이제부터는 설명을 빨리 할게요.

3,400명의 아이들을 한 반의 학생 수가 25명인 교실에 배치한다면, 교실은 몇 개가 필요할까요?

나누기를 하면….

3400명 ÷ 25명 = 교실 136개

이 교실 중 **17**개에는 쌍둥이가 있을 거예요.

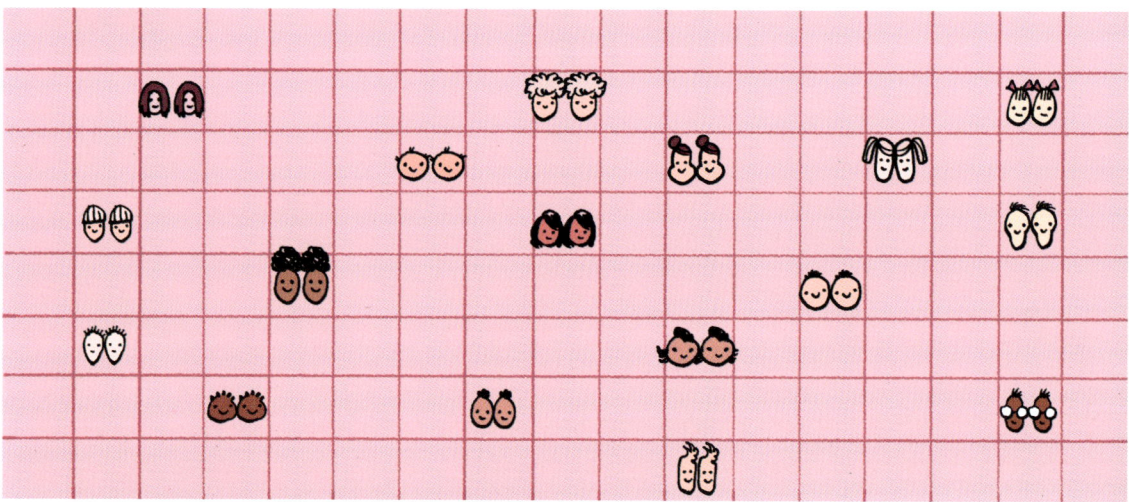

그러니까, 한 반에 진짜 도플갱어 같은 쌍둥이가 있을 확률은 136분의 17이지요. 분수로 표현하면,

이렇게 써요.

$$\frac{17}{136}$$

꽤 복잡해 보이지요? 이 분수는 약분을 할 수 있어요.

분수의 약분

분자(실선 위의 숫자)와 **분모**(실선 아래의 숫자)는 더 작게 줄일 수 있답니다.
이를 **약분**이라고 하지요. 분자와 분모를 같은 수로 나누면 돼요.

예: $\frac{6}{12}$의 분자와 분모를 둘 다 **3**으로 나누면 → $\frac{2}{4}$
$\frac{2}{4}$의 분자와 분모를 둘 다 **2**로 다시 나누면 → $\frac{1}{2}$

더 이상 작게 줄일 수는 없죠? 그러면 약분이 끝난 거예요.

$$\frac{17}{136}$$

분모와 분자를 둘 다 **17**로 나누어 약분하면

↓

$$\frac{1}{8}$$

쌍둥이가 우리 교실에 있을 확률은 $\frac{1}{8}$이에요.

여덟 반 중 한 반에 일란성 쌍둥이가 있는 셈이지요.

같은 반에 있을 확률은 그렇지만, 어떤 부모님들은 쌍둥이를 일부러 다른 학교에 보내기도 하잖아요.

또 어떤 교실에는 쌍둥이가 두 쌍이 있기도 하고요.

제 쌍둥이 동생들은…

서로 절대로 안 떨어지려 해요.

서로를 '팀과 톰', '핌과 폼'이라 부르며 놀아요.

맞아요. 현실에서의 계산은 여러 경우를 생각해야 해서 좀 더 복잡해지죠.

게다가 세쌍둥이나 네쌍둥이도 생각해야 하거든요.

복잡한 계산은 나중에 생각하기로 하고, 다른 걸 먼저 해 볼까요?

자기만의 아바타 만들기 어때요?

여러분이 골라 보세요!

피부색:

눈 모양:

눈 색:

머리 모양:

머리 색:

입 모양:

다른 친구 것을 보면서 하지 말고요!

거의 다 되었나요?

키아라 / 미렐바 / 로만 / 파트릭1
팀 / 스벤
벤테 / 쿠제이 / 마노 / 파이케 / 닐러
파비오 / 파트릭2 / 로스 / 사야 / 로메이
옌스 / 디데 / 테사 / 아흐메드 / 믹 / 만

오호, 아바타 도플갱어가 많이 만들어졌네요. 닐러와 테사는 완전히 똑같군요. 실제로는 전혀 닮지 않았는데 말이에요.

선택지가 많지 않아서 그런 것 같아요.

그럴까요?

과연 이 선택지로 아바타를 얼마나 많이 만들 수 있는지 계산해 볼까요?

머리 스타일의 수부터 볼게요. 머리 모양 10가지와 색깔 5가지를 고를 수 있지요. 서로 다른 조합을 몇 개나 만들 수 있을까요?

머리 모양 **10**가지
×
머리 색 **5**가지
= **50**가지

머리 스타일 50가지와 피부색 5가지로 만들 수 있는 경우의 수는 이래요.

머리 스타일 **50**가지
×

피부색 **5**가지
= **250**가지

그리고 눈 색깔과 눈 모양, 입 모양까지 고려해서 경우의 수를 구하면….

250가지 × 눈 색 **4**가지 = **1,000**가지

1,000가지 × 눈 모양 **3**가지 = **3,000**가지

3,000가지 × 입 모양 **2**가지 = **6,000**가지

어떤 사람이 로스와 눈 색깔은 다르지만, 얼굴 모양과 미소가 완전히 똑같다면?

아니면 겉모습은 아주 다르게 생겼지만, 느끼고 생각하는 방식이 완전히 같다면?

사람들이 서로 닮았다고 여기는 이유는 아주 다양해요. 그래서 우리에게 도플갱어가 있는지, 그 확률은 어떨지를 계산하기란 무척 어려운 일이에요.

하지만 인생의 어느 순간에 나와 꼭 닮은 사람을 만날 확률은 거의 **100**퍼센트라고 생각한답니다.

와우! 우리 서로 닮았네!

그리고 운이 좋다면, 로메이와 로스처럼 같은 반이 되겠지요!

수업이 끝난 뒤
학교 운동장에서 파트릭 2번이

"티네 선생님이 말씀하셨듯이 세쌍둥이, 네쌍둥이도 있어. 2009년 미국에서는 여덟쌍둥이가 태어났대. 그때 아기들을 살리기 위해 40명이 넘는 의사들이 투입되었지. 여자아이 두 명과 남자아이 여섯 명이었는데, 서로가 닮지는 않았어. 말리에서는 아홉쌍둥이도 태어났대. 미래에는 열쌍둥이도 가능하지 않을까? 열한쌍둥이? 아, 엄마가 너무 불쌍해!"

점잖은 가족과 오줌 논쟁
스벤의 이야기

스벤은 지난 6개월 동안 모든 것이 만족스럽지 못했어. 이제는 끝이 보이는 것 같아. 다 밤 퓌레 덕분이야.

스벤의 가족은 식사를 하려고 자리에 앉았어. 아빠가 밤 퓌레를 곁들인 샐러리와 소시지 요리를 해 주셨지. 밤 퓌레는 아빠와 스벤이 숲에서 주운 밤으로 만든 거야. 숲에 갈 때 스벤은 새 코트를 입었어. 따뜻한 데다가 무척 잘 어울렸어. 기분이 참 좋았어.

스벤은 의젓하고 순한 편이야. 그런데 부모님은 스벤보다 훨씬 더 점잖고 차분하지. 엄마는 실험실에서 일하고 아빠는 텔레비전 프로그램을 번역해서 자막을 만들어. 스벤의 집에서는 항상 부드러운 음악이 흘러나오고 어항에는 물고기가 있어. 촐싹대는 강아지나 꽥꽥거리는 닭 같은 건 없지.

싸울 때는? 가족들 사이에서 문제가 생기면 자리에 앉아 논의를 시작해. 스벤의 부모님은 늘 사실에 중심에 두고 존중을 바탕으로 대화를 나눠야 한다고 하거든. 그러면 서로의 마음을 이해하게 돼. 아주 멋있어. 나랏일을 하는 사람들이 배워야 할 정도로.

하지만, 그래. 지나치리만큼 차분하고 점잖아.

지난여름, 스벤의 열한 번째 생일이 지났을 때, 스벤은 갑자기 싫증을 느꼈어. 이상한 일이었지. 스벤은 침대에 누워 아빠가 망치를 던지면 좋겠다고 생각했어. 아니면 엄마가 전자 기타를 들고 '트이이이잉잉!' 소리를 낸다거나, 위험한 폭포가 있는 나라로 여행을 간다거나, 제트 엔진이 달린 배낭을 메고 카누와 낙하산을 챙겨 떠난다거나……

하지만 그건 스벤의 가족에게 어울리는 방식이 아니었어. 스벤은 자꾸 자기 방으로 들어갔고, 가끔은 이유 없이 끙끙 앓았어. 아빠는 무슨 일이냐고 물었어. 혹시 엄마 아빠가 놓친 게 있는지 알고자 했지. 하지만 스벤은 이렇게 말했어.

"아빠, 나한테 너무 잘해 주지 마세요."

새 학기가 시작되고 스벤은 종종 이유를 알 수 없는 간지러움을 느꼈어. 스벤은 언제나 조용한 아이들과 어울리는 편이었어. 하지만 최근엔 자꾸 미칠 것 같았어. 스벤은 좀 더 대담해지고 싶었어. 물론, 어려운 일이었어. 스벤은 거칠거나 못된 말을 내뱉는다는 상상만으로도 얼굴이 붉어졌으니까.

'말하자면, 열정이 부족해.'

몇 주 만에 스벤은 깨달았어. 마치 의사가 되어 자기의 병을 스스로 발견한 것 같았어.

가을 방학 무렵, 스벤은 갑자기 큰 소리로 울기 시작했어. 부모님은 충격을 받았지. 스벤은 부모님에게 열정적인 게 부족하다고 말했어. 부모님은 그 말을 전혀 이해하지 못했지만, 스벤을 매우 걱정했어. 그래서 좀 더 근사한 곳에 데리고 나가거나 시끄러운 음악을 틀어 주며 나름대로 노력했어. 모두 실패했지만 그래도 좋았어. 스벤의 부모님은 세상에서 가장 훌륭한 사람들이었거든.

그리고 오늘, 스벤의 가족은 밤 퓌레를 먹고 있어. 숲에서 밤을 줍는 일은 새로운 것을 해 보려는 스벤 아빠의 따뜻한 시도였어. 스벤은 그 점을 고맙게 생각했어. 다른 아빠들처럼 막대기를 나무에 집어 던져서 밤껍데기를 벗기진 않았지만, 그래도 좋았어. 사실 스벤은 전처럼 불만스럽지 않았거든.

지난주에 일어난 일 때문이었어. 마노가 스벤을 찾아와 말을 걸었어. 둘은 친하게 지낸 적이 없었어. 어렸을 때 스벤은 마노를 살짝 무서워했어. 말이 되진 않았지. 마노는 누군가를 괴롭히거나 따돌린 적이 없거든.

5학년이 되고 첫 주 동안 스벤은 마노를 주의 깊게 관찰했어. 이따금 마노가 교실에서 아이들에게 농담을 던지면, 스벤은 뒷말을 받아 했어. 아니면 다른 아이들보다 약간 더 일찍 웃었어. 마노의 인스타그램에 댓글을 남긴 적도 있었어.

그런데 마노가 스벤에게 조언을 구하러 온 거야. 로스와 로메이 일에 대해 스벤의 생각을 듣고 싶어서였지. 글쓰기나 말하기에 대한 도움도 필요했어. 마노는 스벤이 그런 일을 잘할 거라 생각했어. 스벤도 마노를 도와주고 싶었을까? 당연하지! 스벤은 기뻐하며 마노를 도와주었어. 그때 이후로 스벤은 마음이 가벼워진 것을 느꼈어. 마노랑 단숨에 친한 친구가 된 건 아니야. 예를 들어, 오늘 아침 벌어진 '오줌 논쟁'에서는······.

논쟁? 아니, 정확히 말하면 싸움이지. 평소라면 스벤은 끼어들지 않았을 그런 일이야. 체육관의 여학생 샤워 부스가 갑자기 고장 났어. 남자아이들은 여자아이들에게 샤워실을 바꾸자고 제안했지. 그런데 여자아이 몇 명이 남학생 샤워 부스에서는 오줌 냄새가 난다고 하는 거야. 여자아이들은 마노에게 샤워 부스에서 오줌을 눈 적이 있냐고 물었어. 마노가 "아마도······."라고 대답하자 큰 소란이 벌어졌어. 마노는 거짓말을 하고 싶지 않았을 뿐인데.

몇몇 여자아이들이 화가 난 듯 비명을 질렀어. 스벤은 "그만!" 하고 소리치며 싸움 한가운데로 끼어들었어. 모두들 휘둥그레 스벤을 바라보았어.

"왜?"

목소리가 큰 키아라가 말했어.

"내 생각에는 말이야. 샤워를 하며 오줌을 누면 환경에는 좋을 거야. 화장실 변기 물을 안 내려도 되니까 물을 아낄 수 있잖아."

"우웩!"

여자아이들 여섯 명이 동시에 소리쳤어.

"스벤. 그건 사실이 아니야."

키아라가 말했어.

"나도 잘은 몰라. 그런데…… 그런데……."

스벤의 얼굴이 빨개졌어. 하지만 최선을 다해 말을 계속했지.

"이런 식으로는 제대로 된 토론을 할 수 없어. 언성만 높아질 뿐이야. 그러니까 선생님께 제대로 여쭤 보자. 이번 주 수학 수업 때 내가 말해 볼게. 토론은 사실을 중심에 두고 존중을 바탕으로 해야 해. 그래야 서로를 잘 이해할 수 있다고."

우아, 스벤이 이 정도까지 말을 하다니. 마노는 말을 마친 스벤의 어깨를 세게 쳤어. 그러고는 소리쳤지.

"맞아, 얘들아. 스벤이 옳은 말을 했어!"

그리고 모든 아이들이 고개를 끄덕였어. 싸움은 순식간에 사그라졌어.

스벤은 밤 퓌레를 한입 크게 베어 물고는 아빠를 바라보며 말했어.

"정말 맛있어요, 아빠."

아빠가 놀란 얼굴로 스벤을 쳐다보았어. 그리고 스벤을 향해 미소 짓고는, 엄마를 보고 웃었지. 엄마도 씨익 웃음을 지었어. 스벤은 생각했어.

'좋아. 질문에 어떻게 수학적으로 접근할지 곰곰이 생각해야 해. 그런데 한 가지 깨달은 게 있어. 내가 나서서 뭔가를 급하게 하지 않아도 된다는 거야. 곁에 있는 친구가 두 몫을 해 주니까…… 그게 훨씬 더 좋아!'

쓸모 있는 수학 질문 07: 스벤

샤워 중에 오줌을 누면 진짜 환경에 도움이 될까?

좋은 질문이에요, 스벤.

브라질에서는 샤워 중에 오줌을 누는 게 열대 우림 보존에 어떻게 도움이 되는지를 보여 주는 공익 광고를 한 적이 있어요. 어떤 영국인 학생들은 물을 아끼기 위해 샤워 중에 소변을 보자는 캠페인을 펼치기도 했지요.

오늘 수학 수업에서는 스벤의 질문을 바탕으로 물에 관한 것을 배워 봅시다.

샤워를 하거나 변기에 오줌을 눌 때 얼마만큼의 물을 사용할까요?

또, 어떻게 하면 물을 아낄 수 있을까요?

지난주에 내 준 숙제가 있었죠? 다들 지난 주말에 샤워하는 데 몇 분이나 걸렸는지 재어 왔나요?

13분!

저는 5분이면 충분했어요!

8분!

난 6분!

9분이었던 것 같아요. 핸드폰이 물에 빠지는 바람에 정확하게 잴 수 없었어요!

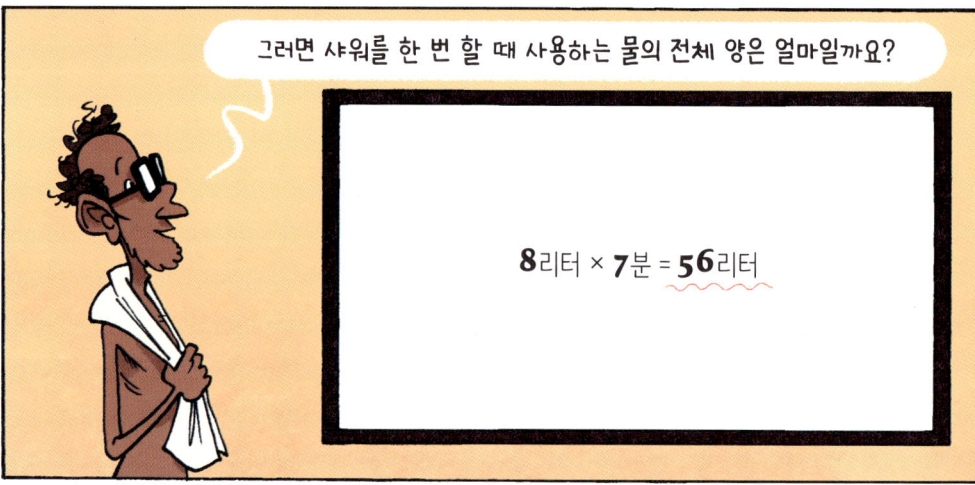

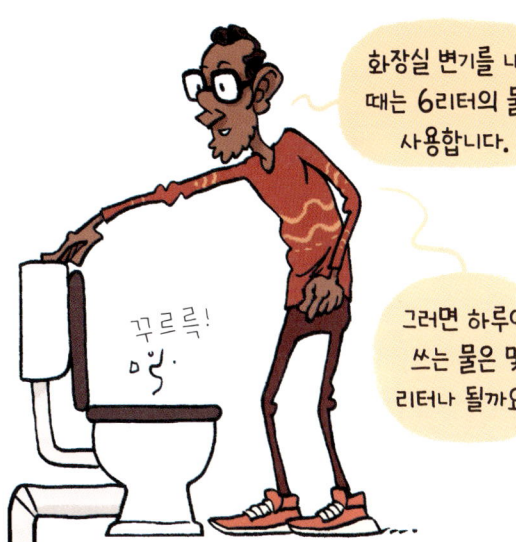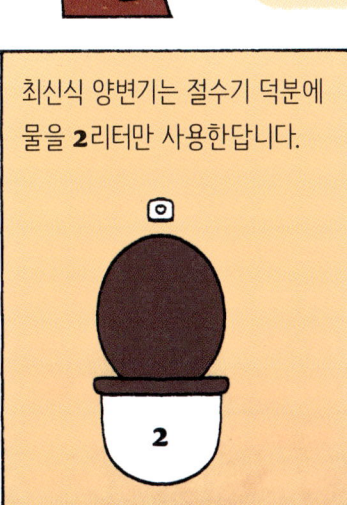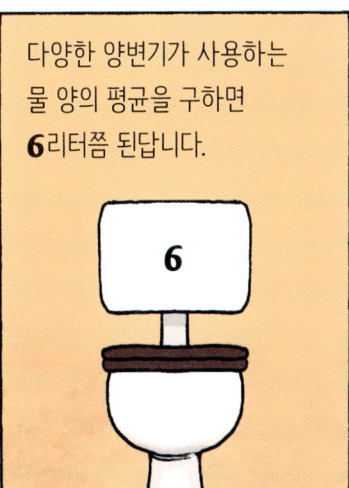

손을 씻거나, 마시거나, 요리를 할 때나,

빨래나 설거지를 할 때 물을 사용해요.

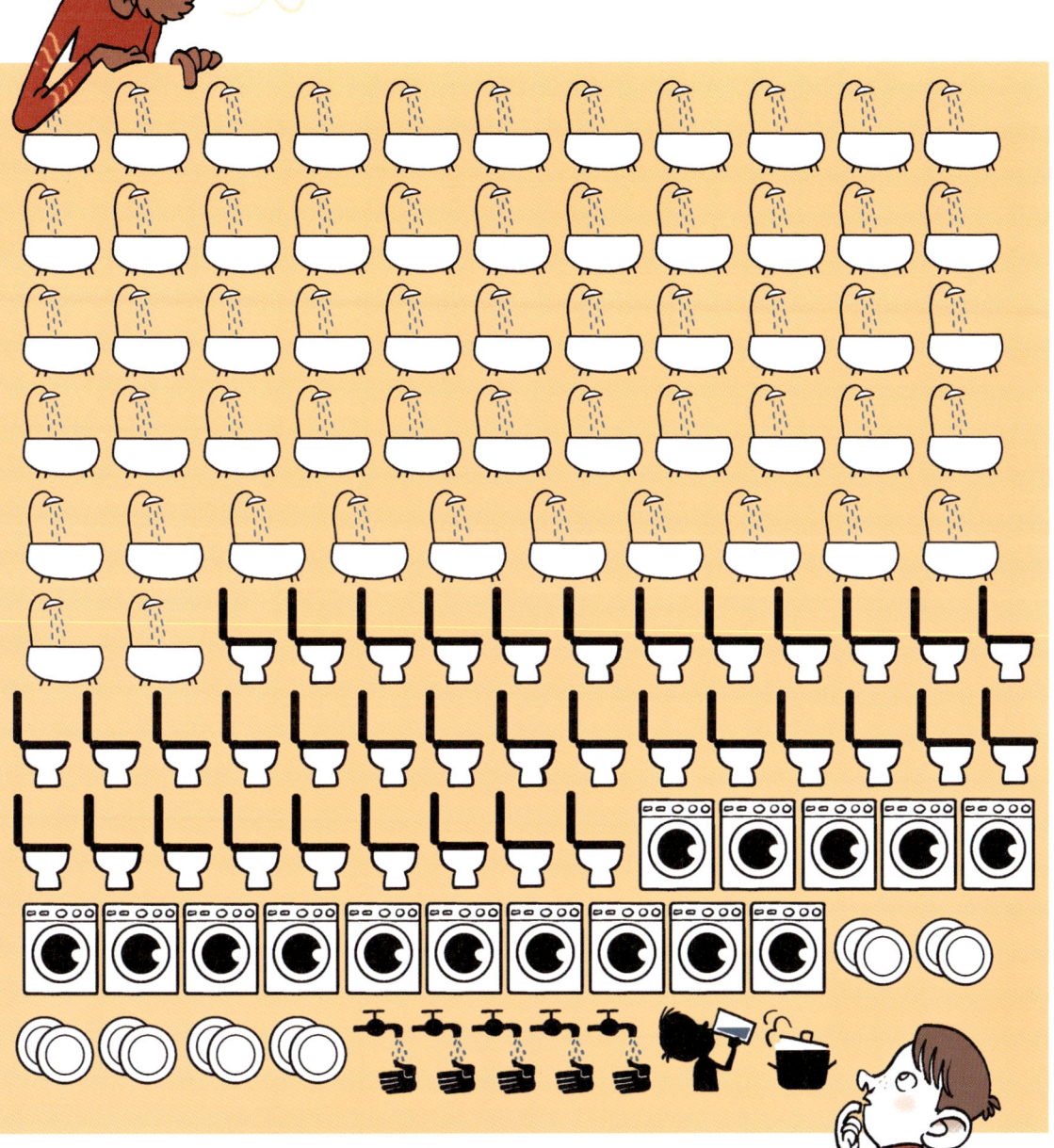

변기를 한 번 내릴 때 사용하는 물 정도를 샤워할 때 아끼고 싶다면 어떻게 할 수 있는지 살펴봅시다.

오줌은 누지 않고 말이에요.

샤워를 하는 시간을 얼마 정도 줄여야 할까요?

샤워를 할 땐, 물을 **1**분에 **8**리터쯤 사용한다고 했지요?

그럴 땐 1분을 $\frac{6}{8}$으로 나누면 되지요.

답을 쉽게 구하고 싶으면, 우선 이 분수를 약분해 보세요.

아하!

$$\frac{6}{8} = \frac{3}{4}$$

1분을 $\frac{3}{4}$으로 나눈 시간이에요.

초로 계산하면 어떻게 될까요?

1분 = **60**초

1분 중 $\frac{1}{4}$은 → **60**초 ÷ **4** = **15**초

그러니까 1분 중 $\frac{3}{4}$은 → **15**초 × **3** = **45**초

이제 결론을 낼 수 있어요.
샤워 중에 오줌을 누면 물 **6**리터를 아낄 수 있어요.

하지만 그게 너무 별로라고 생각한다면 샤워를 **45**초 짧게 하면 된답니다.

그렇게 하면 같은 양의 물을 아낄 수 있지요.

꾸르륵!

수업이 끝난 뒤
스벤의 집에서 엄마가

"먹는 것을 바꾸면 물을 더 많이 절약할 수 있단다. 우리는 하루에 먹고 마시기 위해 약 3,500리터의 물을 사용해. 식물에 주기 위한 물, 가축이 마시는 물, 농장 기계를 씻기 위한 물 등이지. 대부분은 가축을 기르기 위해 쓰인단다. 저녁에 고기를 한 번 안 먹으면 많은 물을 한꺼번에 절약할 수 있어. 그러니 샤워 중에 오줌을 누는 것보다 채식을 하는 게 훨씬 더 낫지."

완벽한 '비밀 산타' 뽑기
만의 이야기

만이 수학 문제를 발표했어.

"얼마 전 비케 이모가 우리 집에 놀러 오셨어요. 그리고 '쓸모 있는 수학' 수업에 대해 들으시고는 멋지다고 하셨지요. 이모는 제 수학 문제로 '비밀 산타'(서양의 크리스마스 전통, '마니토'와 비슷하게 제비를 뽑아 지정된 사람에게 몰래 선물을 주는 것—옮긴이 주)에 관한 게 어떻겠냐고 하셨어요. 이 시는 작사가인 이모와 함께 쓴 거예요. 혼자 생각하고 쓴 게 아니라도 괜찮길 바라요. 시에 곡을 붙여 노래로 부를 수도 있지만, 멜로디는 여러분이 생각하셔야 한답니다!"

세상의 거의 모든 것은 계산이 끝났어

화성과 달까지의 거리도, 골키퍼의 최선의 위치도

웬만한 건 이제 문제가 아니지

아니, 딱 한두 문제 빼고는

1) 왜 개는 떨어질 때 고양이처럼 착지하지 못할까?

2) 언제쯤 완벽한 제비를 뽑을 수 있을까?

세상의 거의 모든 것은 계산이 끝났어

지구와 달의 둘레도, 달걀과 닭의 '누가 먼저냐' 문제도

웬만한 건 이제 문제가 아니지

아니, 딱 한두 문제 빼고는

1) 왜 우주선을 '스페이스 보트(boat)'가 아니라 '스페이스 십(ship)'이라고 할까?

2) 언제쯤 완벽한 제비를 뽑을 수 있을까?

세상의 거의 모든 것은 계산이 끝났어

지구와 달의 중력도, 코모도왕도마뱀의 기원도

웬만한 건 이제 문제가 아니지

아니, 딱 한두 문제 빼고는

1) 손가락을 꺾을 때 관절에서는 어떤 일이 벌어질까?

2) 언제쯤 완벽한 제비를 뽑을 수 있을까?

퍼즐을 얼마나 잘 풀든

잘못은 언제나 일어나지

마지막 아이가 제비를 뽑고 종이를 펼칠 때

우리는 신에게 기도하지

제발 내 이름이 아니길!

카드를 얼마나 잘 섞든

잘못은 언제나 일어나지

충격에 빠진 아이들은 다시 제비를 섞고 뽑지

이런 일은 언제나 일어나지

그러니 내 질문은 이게 좋겠지

완벽한 '비밀 산타' 뽑기!

쓸모 있는 수학 질문 08: 만

완벽한 제비뽑기를 하는 방법은?

작년 '비밀 산타' 제비뽑기는 별로였나요?

네, 세 번이나 다시 뽑아야 했어요.

세 번? 네 번이지.

뽑을 때마다 제 이름이 나왔어요.

여러분이 과장하는 건지 아닌지 알아보겠어요. 우선 세 명씩 모둠을 만들어 제비를 뽑아 볼까요?

그럼 얼마나 자주 제비뽑기가 잘못되는지 알 수 있을 거예요.

모두들 종이에 자기 이름을 적고, 글자가 안 보이게 잘 접으세요.

테이블 위에 제비를 올려놓고,

잘 섞은 다음,

한 명씩 순서대로 제비를 뽑을 거예요.

음… 하지만 한 번에 완벽하게 잘 뽑은 친구들도 있죠?

1.

2.   3.

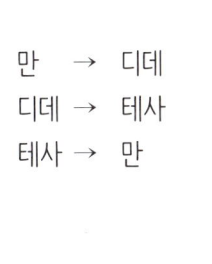

4.   5.   6.

 여러분 모두 봉투 한 개와 종이쪽지 한 개씩을 받아요.

봉투 위에는 각자의 이름을 적고,

 종이쪽지에도 자기 이름을 적으세요.

쪽지를 잘 접어서 봉투 속에 넣으세요.

봉투를 완전히 붙이지는 말아요!

이건 너무 바보 같은 방법이에요, 선생님. 이렇게 하면 모두 자기 쪽지를 갖게 될 거예요.

잘 봐요!

만, 봉투를 다 모아서 바닥에 올려놓아요. 이름이 쓰인 면이 바닥을 향하게 해서요.

그리고 모두 잘 섞어 주세요.

이제 봉투로 커다란 원을 만들어 주세요.

그리고 봉투를 열어서 쪽지를 꺼내고, 그 쪽지를 바로 옆 봉투 속에 넣으세요.

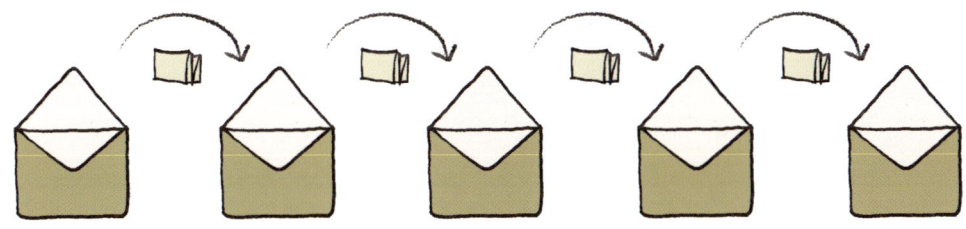

모든 쪽지가 하나씩 밀려서 전부 다른 봉투에 들어갈 때까지, 계속해서 봉투를 열고 쪽지를 꺼내 옆 봉투에 넣어 주세요.

마지막으로 봉투를 잘 섞고 다시 뒤집은 뒤, 봉투 위에 적힌 이름을 보고 주인에게 나누어 주세요.

그러면 이번에는 아무도 자기의 이름이 나오지 않겠죠?

이제 모두 문제없이 제비를 뽑았지요?

수업이 끝난 뒤
학교 운동장에서 티네 선생님이

"만, 시에 나오는 다른 질문에 대한 답도 해 줄게요. 첫째, 왜 개는 높은 곳에서 떨어질 때 고양이처럼 잘 착지하지 못할까요? 개는 고양이에 비해 높이 올라가지 않아요. 그래서 착지를 잘하기 위해 공중에서 빠르게 몸을 돌리는 법을 배울 일이 없지요. 고양이는 떨어질 때 몸을 잽싸게 회전하지 않으면 다리가 부러질 수 있어요. 물론, 동물을 함부로 떨어뜨리면 안 되겠죠?

둘째, 왜 우주선은 '스페이스 보트(boat)'가 아니라 '스페이스 십(ship)'일까? '보트'는 작은 배예요. '십'은 훨씬 큰 배죠. 우주에서 우리가 탈 수 있는 작은 보트는 아직 개발되지 않았답니다.

마지막으로, 손가락을 꺾을 때 관절에서는 어떤 일이 벌어질까요? 과학자들은 오랫동안 손가락을 꺾을 때 왜 '두둑' 소리가 나는지 알지 못했어요. 손가락을 꺾으면 관절이 벌어지고 공간이 생기면서 소리가 난다는 정도로만 추측했죠. 2015년에는 엠알아이(MRI) 스캔으로 손가락을 관찰했어요. 손가락 안에서는 어떤 일이 벌어졌을까요? 관절 사이에 공간이 생길 때 주변에 있던 액체에서 빠져나온 기체 거품이 소리를 냈답니다!"

세상의 시작과 끝
파이케의 이야기

파이케는 지난 몇 주간 너무 어지러웠어. 새로운 수학 수업이 시작된 이후 모든 것이 바뀌었거든.

첫째, 반 아이들이 파이케 주변에 모여들고 잘해 주기 시작했어. 이전에는 아이들이 파이케를 이해하지 못해서 홀로 두었다면, 이제는 파이케가 중요한 말을 정리할 수 있도록 혼자 있을 시간을 주지.

둘째, 마노와 친구가 되었어. 파이케는 조금 난감했어. 파이케에겐 유치원 때부터 가까이 지낸 사야가 있거든. 파이케와 사야는 가족 이상의 친구야. 유치하게 서로 좋아하는 건 아니고, 뭔가 다른 건데 설명하기는 어려워. 그런데 요즘엔 마노가 자꾸 파이케를 찾아오고, 팀 프로젝트도 함께하길 원하네? 마노는 키아라가 새로운 수학 수업을 두고 "폭탄이야!"라고 소리 질렀을 때 이렇게 받아치기도 했어.

"누가 그 수업의 창시자일까? 우리 멋쟁이 파이케!"

셋째, 새로운 수학 수업 그 자체야. 파이케는 평생 흘린 눈물로 목욕을 할 수 있는지에 대해 알고 싶을 줄은 전혀 몰랐어. 달로 가는 다리, 골키퍼가 몸을 던지는 방향…… 모든 것이 신나고 흥분됐어.

열정적이면서 살짝 제정신이 아닌 것 같은, 정말이지 파이케한테 딱 맞는 수업이었어. 사실 파이케 엄마의 그림도 그랬어. 함께 살고 있는 엄마의 친구 브랜든 삼촌의 예술 프로젝트도 그랬지. 파이케의 머릿속은 11년 내내 열기로 가득했어. 사야가 미친 게 아니냐고 물은 적도 있었어. 그러면 파이케는 이렇게 답했어.

"사돈 남 말하네. 너는 시간 여행에 미쳐 있잖아. 맨날 그런 책만 읽으면서."

하지만 사야의 말이 옳았어. 파이케의 머릿속에서는 늘 질문이 툭툭 튀어나왔어. 파이케가 아주 어릴 때부터 항상 그랬어. 왜 초록색 꽃은 없을까? 아니면 초록색 꽃은 있지만, 사람들이 꽃이 아니라 나뭇잎이라고 생각하는 걸까?

질문은 언제나 파이케 주변을 맴돌았어.

'여태까지 '네'라고 대답한 시간을 모두 합치면 몇 분이나 될까? 엄마와 오후 내내 트램을 타고 도시를 누비면, 몇 명이 나를 볼까? 그중 몇 명이 밤까지 나에 대해 생각할까? 내가 코를 훌쩍이는 순간 전 세계에서 몇 명의 사람들이 동시에 코를 훌쩍일까? 내 생일에 태어난 기린은 몇 마리나 될까? 그날 태어난 코뿔소, 코알라, 펭귄은? 그 동물들의 사진을 얻어서 내 방을 꾸밀 수 있을까?'

파이케는 생각을 멈출 수 없었어. 다행히 사야는 이런 파이케를 이해했어. 파이케는 사야에게 수학 문제가 너무 많이 떠올라서 한 개만 고르기가 어렵다고 말했어. 마노의 말에 따르면 파이케는 새로운 수학 수업의 '창시자'니까 질문이 특별해야 했어. '지금 바지에 오줌을 눈 오스트리아 아이들은 몇 명일까?' 같은 문제는 좀 어려워 보였어.

"좀 쉬운 질문으로 골라."

사야가 말했어.

"음……."

"아니면 좀 심오한 질문은 어때?"

"음, 모르겠어. 머리가 빙글빙글 돌고 있어."

"그러면 머리가 조금만 빙글빙글 돌 것 같은 질문을 골라."

바로 그 순간, 좋은 생각이 났어. 무한대. 시작도 끝도 없는 바로 그것.

파이케의 머릿속은 세상이 시작되기 1초 전에 무슨 일이 있었을까를 생각할 때 가장 빙빙 돌았어. 그리고 세상이 끝난 뒤 무엇이 올지를 생각할 때에도 그랬지.

그래, 이제 질문을 알겠어.

약 **100**년 전, 한 수학자가 어떤 수의 이름을 새로 만들고 싶어 했어요.

그는 아홉 살짜리 조카에게 '**1** 뒤에 **0**이 **100**개가 오는 수'의 이름으로 뭐가 좋을지 물었지요.

표기하면 아래와 같아요.

10 000 000 000 000 000 000 000 000 000 000 000 000 000 000 000 000 000 000 000 000 000 000 000 000 000 000 000 000 000 000 000 000 000

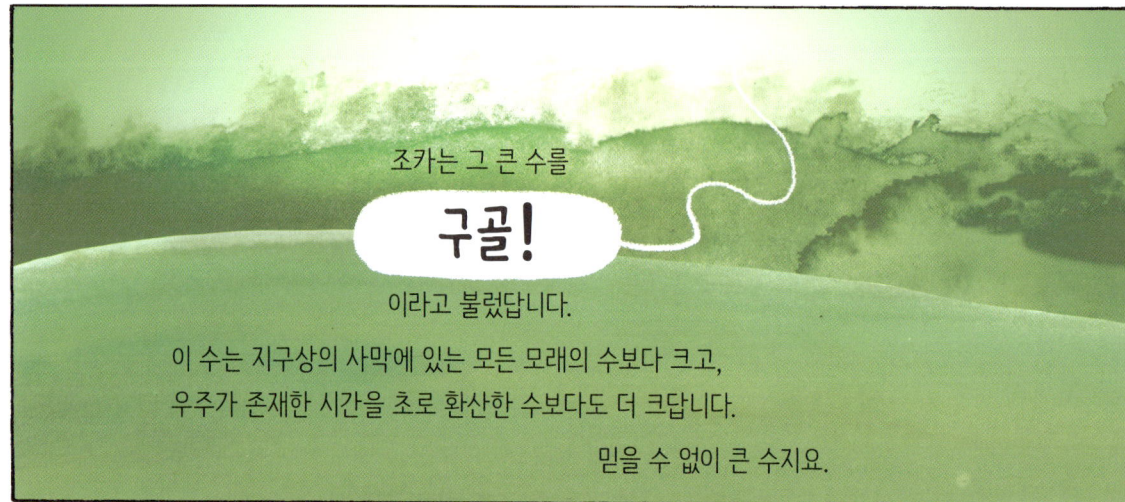

조카는 그 큰 수를

구골!

이라고 불렀답니다.

이 수는 지구상의 사막에 있는 모든 모래의 수보다 크고, 우주가 존재한 시간을 초로 환산한 수보다도 더 크답니다.

믿을 수 없이 큰 수지요.

그리고 구골플렉스는 **1**과 구골 개의 **0**으로 이루어진 수예요.

정말이지 무지막지하고 말도 안 되게 큰 수야!

수업이 끝난 뒤
교무실에서 튀르 선생님이

"수업 시간에 큰 수에 대해 이야기하면서 좀 어지러웠어요. 몇몇 아이들은 무한대에 대해 물었죠. 19세기에 게오르크 칸토어가 무한대를 어떻게 증명했는지에 대해서는 말하지 않았어요. 또, 세상에는 여러 종류의 무한대가 있고, 어떤 무한대는 다른 무한대보다 클 수 있다는 것도요. 당시 수학자들은 이를 믿지 않고 칸토어에게 적대감을 드러냈지만, 결국 칸토어가 옳다는 것이 증명되었다는군요."

지금 당장 시간 여행을 할 수 있다면
사야의 이야기

"15년 후, 파이케와 난 결혼을 할 거야."

사야는 일기를 쓰기 시작했어.

"물론 꽤 번거로울 테지. 파이케에게 아프가니스탄의 결혼식에 대해 알려 줘야 하니까. 신랑이 두 팔을 넓게 벌리고 춤을 춘다는 것, 베일을 쓴 신부와 신랑이 나란히 앉아 잠시 동안 거울에 비친 서로를 바라본다는 것, 그리고 신랑이 신부 친척들의 이름을 다 알아야 한다는 것도.

부모님이 우리 결혼을 허락해 주시면 좋겠다. 부모님은 파이케가 우리 집 넷째 같다고 하셔. 그런데 오빠들은 다 무슬림과 결혼했고, 파이케는 무슬림이 아니지. 그래도 마노 같은 무슬림과는 결혼하고 싶지 않아. 마노는 잘생겼지만 그게 다야. 머릿속에 든 생각보다 입 밖으로 나오는 말이 더 많아. 파이케는 절대 안 그렇지.

파이케는 우리 엄마가 만든 아프가니스탄식 볶음밥을 가장 좋아해. 좋은 신호야. 파이케는 자기 이름이 '파이케 알 콰사비'면 좋겠다고 하기도 했어.

15년 전, 내가 태어나지도 않았을 때 우리 부모님은 아프가니스탄의 수도 카불에 살았어. 오빠들은 열 살 정도였지. 우리 가족은 그때 난민이 되어 이곳에 올 수밖에 없었어. 가끔은 나도 피난길에 함께했다면 어땠을까 하고 상상하곤 해. 난민들의 더러운 화장실을 겪어 보고 싶어서는 아니고, 우리 가족이 엿새 동안 비를 맞으며 묵묵히 걸어야만 했던 그 길이 궁금해서. 주말에 가족들이 한자리에 모이면, 가족들은 그때 이야기를 하거든. 그 시절에 향수를 느끼는 것처럼 보일 정도라니까.

150년 후의 미래에는 자동차도, 배도, 비행기도 필요 없을 거야. '이미지 운송 수단'이라는 걸 이용해서 생각만으로도 여행할 수 있을 테니까. 생각의 집중을 도

울 전극(장신구처럼 여러 재밌는 형태로 나올 거야. 나는 내 피부색에 어울리는 걸로 고를 거야.)을 관자놀이에 붙이기만 하면 돼. 네덜란드에서 아프가니스탄까지 내 몸이 순간 이동을 하는 건 아니야. 어디까지나 생각으로 하는 여행이니까 머릿속으로 가고 싶은 곳의 이미지를 계속 집중해서 떠올려야 해. 안 그러면 뇌 멀미가 와서 어지러울지도 몰라.

미래에는 '젠더 칩'이라는 것도 생길 거야. 남자인데 여자가 되고 싶거나, 그 반대라면 칩을 심으면 돼. 인생의 매 순간을 포착하는 '메모리 캡처'도 나올 거야. 난 파이케와 그런 미래에서 살고 싶어. 우리는 서로를 더 잘 이해할 수 있을 거야. 우리의 뇌를 연결해서 생각을 공유할 테니까.

150년 전, 루이 파스퇴르는 박테리아를 죽이는 법을 발견했어. 미국에서는 남북 전쟁이 벌어졌지. 네덜란드에서는 사형 집행이 폐지되었고, 영국은 아프가니스탄을 점령했어. 이 모든 건 상상하기조차 어려울 정도로 과거의 일이야.

그 시절에도 시간 여행이 있다면 어땠을까? 아니, 지금 당장 시간 여행을 할 수 있으면 좋겠어. 수학 수업에서의 내 질문은 시간에 관한 걸로 해야겠어.

아니면, 만의 '비밀 산타' 뽑기에 관한 시에 나온 코모도왕도마뱀에 대한 문제를 고민해 볼까. 얼마 전에 만의 이모님이 학교에 와서 그 시에 멜로디를 붙인 노래를 불러 주셨어. (그날 오후에 '비밀 산타' 뽑기를 했어. 이번엔 운이 좋았어. 아무도 자기 이름이 나오지 않았거든. 난 파이케를 뽑았어. 내가 진짜 바라던 일이었지! 파이케한테는 디데가 나왔다고 했어. 만약에 파이케가 디데를 뽑았다면 내 거짓말이 들통났겠지만, 다행히 파이케는 선생님을 뽑았어). 음, 내가 무슨 생각을 하고 있었더라?

아무튼, 노래를 들은 뒤 운동장에서 반 아이들은 줄곧 그 노래를 불렀어. 코모도왕도마뱀의⋯⋯ 기원⋯⋯ 아, 무슨 질문이 좋을지 진짜 알겠다. 선생님들께 말씀드려야지!"

1) 코모도왕도마뱀의 조상은 약 400만 년 전에 태어났어요.

2) 인류는 불과 200만 년 전에 생겨났죠.

3) 150년 전으로 돌아가기란 불가능해요.

4) 시간에 대해 더 잘 이해할 수 있는 방법이 있을까요?

5) 만일 시간 여행을 한다면 시간을 이해하는 데 도움이 될까요?

6) 시간 여행이 진짜 가능할까요?

쓸모 있는 수학 질문 10: 사야

시간을 이해할 수 있는 좋은 방법이 있을까?

시간을 다른 방식으로 바라보는 데 도움이 되는 멋진 방법이 있어요.

우주가 존재한 시간을 달력으로 만들어 보는 거예요. 모든 것을 1년으로 압축하는 거죠.

세상이 시작된 순간을 1월 1일이라고 해 봅시다.

1일, 자정이요.

과학자들은 약 **138**억 년 전에 빅뱅이 일어났다고 믿고 있어요.

큰 숫자들

1천 → 1,000
1만 → 10,000
1억 → 100,000,000

1조 → 1,000,000,000,000
1경 → 10,000,000,000,000,000
1해 → 100,000,000,000,000,000,000

1자 → 1,000,000,000,000,000,000,000,000
1극 → 1,000,000,000,000,000,000,000,000,000,000,000,000,000,000,000

이 달력에 따르면 세상은 **1월 1일** 자정에 시작되었고, 우리가 살고 있는 지금 이 순간은 한 해의 마지막 날이에요.

그러니까 지금은 정확히 **12월 31일** 자정이지요.

이 달력의 이름은 '우주 달력'이에요.

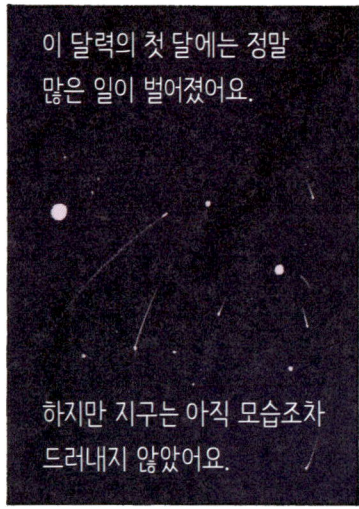

이 달력의 첫 달에는 정말 많은 일이 벌어졌어요.

하지만 지구는 아직 모습조차 드러내지 않았어요.

3월 16일, 우리 은하가 만들어지기 시작했지요.

9월 2일, 우리 태양계가 모습을 드러냈어요.

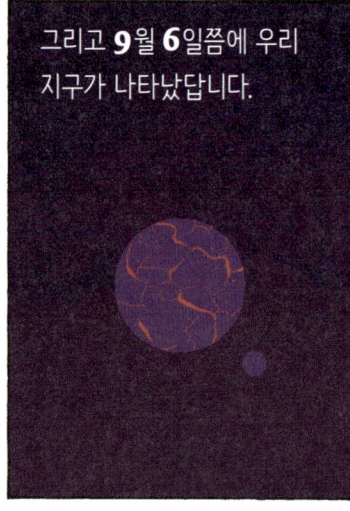

그리고 **9월 6일**쯤에 우리 지구가 나타났답니다.

여름 방학이 막 끝날 무렵이네요!

사람들은 언제쯤 나타났나요?

조금 더 시간이 흘러서예요.

9월의 마지막 날에 첫 번째 생명체가 생겨났어요.

화석은 10월 9일에 나타났지요.

오, 그날은 내 생일인데!

달력의 마지막 날 어떤 일이 일어났는지는 좀 더 확대해서 볼까요?

우주 달력의 12월 31일이에요.

오후 8시, 첫 번째 유인원이 나타났어요.

오후 9시 30분, 유인원이 직립 보행을 시작했어요.

자정이 되기 약 몇 분 전, 유인원이 우리 같은 인간으로 진화했어요.

우리가 아는 대부분의 역사는 자정이 되기 전 몇 초 사이에 일어났어요. 오늘날 연도를 세는 기준인 예수의 탄생은 23시 59분 36초에 일어났지요.

1초 후에 마호메트가 태어났고.

그리고 약 1초 후에 콜럼버스가 신세계를 향한 항해를 떠났어요.

우리 모두는 자정이 되기 거의 직전에 태어났지요.

이렇게 보면 우리의 수명은 1초를 5로 나눈 순간 정도에 지나지 않아요.

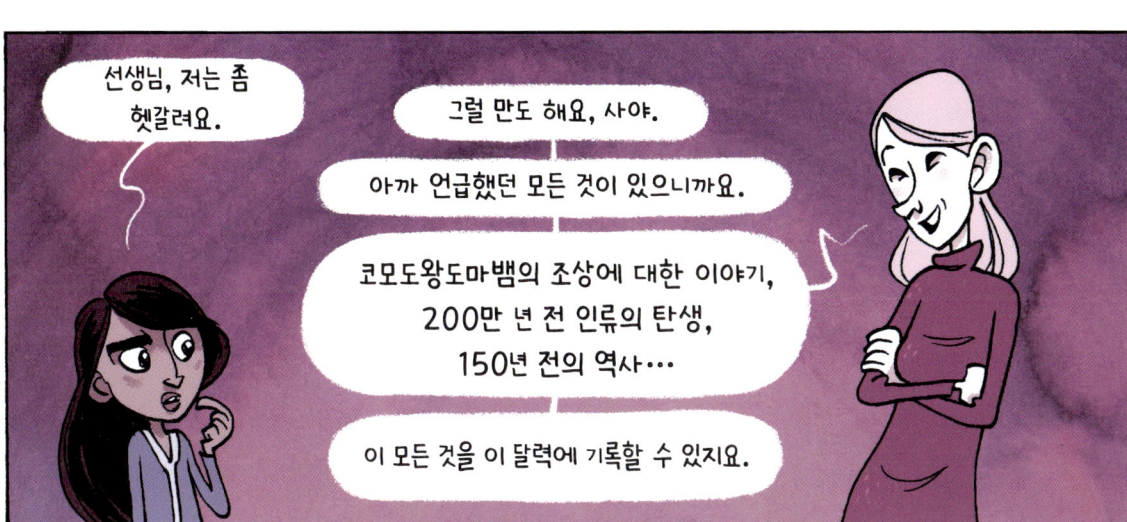

저는 어렵다고 생각해요.

유명한 물리학자 스티븐 호킹 박사는 시간 여행자를 위한 파티를 열었어요. 여느 파티와는 달리 행사가 다 끝난 뒤 시간 여행자를 초대하는 초대장을 돌렸지요.

진짜 시간 여행자라면 문제없이 파티에 참석할 수 있을 테니까요.

하지만 파티에는 아무도 오지 않았답니다.

수업이 끝난 뒤
학교 운동장에서 파이케가 사야에게

"사야, 시간 여행을 할 수 있는 법을 찾았어. 프랑스 칼레에서 '채널'이라는 해저 터널을 지나 영국 런던으로 가는 기차를 탄다고 생각해 봐. 런던은 칼레보다 1시간 빠르거든? 칼레에서 10시 1분에 기차를 타면, 런던엔 9시 57분에 도착해. 4분간의 시간 여행인 셈이지!"

가장 값싼 전동 뷰러를 찾아서
키아라의 이야기

"키아라."

티네 선생님이 키아라를 불렀어. 선생님은 수학 수업 일정표 앞에 서 있었어.

"무슨 말씀을 하시려는지 알아요. 곧 제 차례라는 거죠?"

"맞아요, 올해의 마지막 순서네요. 멋진 수학 질문을 생각해 놨나요?"

"네, 그런데 질문에 관해 말씀드릴 게 있어요. 지금 해도 될까요?"

"잠깐, 키아라. 오후 수업 시작 전에 청소할 게 좀 있어서요."

"아직 15분이나 남았는걸요. 그리고 쉬운 문제예요."

"좋아, 그럼 얘기해 봐요."

"지난 목요일에 있었던 일이에요. 엄마는 친구들과 외출을 하셨어요. 그래서 데올린다 이모가 저를 봐주시러 집에 오셨어요. 사실은 이모할머니지만 그냥 편하게 이모라고 불러요. 안 그러면 말이 너무 길어지니까요."

"그게 길다고?"

"네, 너무 길어요."

말하면서 키아라는 한쪽 눈썹을 치켜올렸어. 키아라는 선생님이 자신을 심한 수다쟁이라고 생각한다는 걸 알았어. 하지만 그건 중요한 문제가 아니야.

"아무튼 데올린다 이모가 오셨어요. 그리고 크리스토 오빠도 왔지요. 오빠는 제 사촌이에요. 데올린다 이모의 아들은 아니고요. 오빠는 열네 살이고 인상은 좀 매서워요. 크리스토 오빠의 진짜 이름은 크리스토 바오예요. 보통은 그렇게 안 부르죠. 말이 길어져서……."

"말이 길어진다고……."

　마노와 스벤이 동시에 웅얼거리듯 말하고는 서로를 바라보며 싱긋 웃었어. 키아라는 다시 한 번 한쪽 눈썹을 치켜올렸지.

　"꽤 늦은 시간이었는데, 오빠는 쇼핑을 하고 싶어 했어요. 오빠는 화장을 좋아해요. 마스카라도 하나 가지고 있죠. 데올린다 이모가 '그건 왜 가지고 있니?' 하고 물었더니, 오빠가 '제 눈썹이 좀 별로거든요.' 하고 대답했어요. '그래, 좀 사나워 보여.'라고 제가 거들었죠. 그러자 오빠가 이모한테 '들으셨죠? 제 눈썹은 더 멋있어야 해요.' 하고 말했어요. 그래서 우리는 쇼핑을 나갔어요."

"키아라, 조금만 더 짧게 말해 줄 수 없을까요?"

티네 선생님이 말했어.

"네! 그날 크리스토 오빠는 전동 눈썹 뷰러를 사고 싶어 했어요. 일반 뷰러는 눈썹을 너무 잡아당기거든요. 오빠는 눈썹이 가느다란 데다가, 눈썹 한 올도 빠지게 하고 싶지 않았어요. 그래서 전동 뷰러를 사려 했는데, 꽤 비싸서 저렴하게 파는 곳을 찾아다녀야 했어요. 데올린다 이모가 말했죠. '얘야, 더 걸어야 하니?' 이모는 체격이 좀 건장해요. 종종 자기 엉덩이에 사랑이 담겨 있다고 하시는데, 제가 보기엔 그냥 살덩이 같아요."

"키아라!"

티네 선생님이 외쳤어.

"알겠어요. 무슨 일이 벌어졌냐고요? 상점을 네 군데나 돌아다녔어요. 그런데 전동 눈썹 뷰러의 가격은 다 똑같았어요. 모두 같은 상품이었거든요. 아시죠?"

"모르겠다. 별로 복잡한 문제도 아닌 것 같은데."

옌스가 툴툴거렸어. 옌스는 좀 더 간단하고 명확한 말을 듣고 싶었어.

"아니야, 들어 봐! 일이 좀 꼬였어요. 전동 뷰러는 19.9유로(1유로는 약 1,300원)인데 오빠에겐 17유로밖에 없었거든요. 할인이 되면 괜찮을 것 같았어요. 그런데……."

옌스는 한숨을 쉬었고, 선생님은 할 말이 있어 보였어. 키아라가 이번에는 눈썹 두 개를 다 치켜올리고는 말했어.

"가게마다 할인이 다 달랐어요! 첫 번째 가게에서는 스티커 일곱 개를 모으면 7.5유로를 할인받을 수 있었어요. 크리스토 오빠는 6유로짜리 아이 펜슬 한 개만 사면 스티커가 일곱 개가 됐죠. 꽤 괜찮아 보였어요. 그런데 아이 펜슬은 필

요 없어서 다른 가게로 갔어요. 두 번째 가게에서는 뷰러 한 개를 사면 다른 한 개가 공짜였어요. 오빠는 '좀 더 살펴봐야겠는걸.' 하고는 밖으로 나갔어요. 그런데 데올린다 이모가 보이지 않았어요. 제가 말했죠. '오빠! 이모는 어디 가셨지?' 오빠가 계속 걸으며 답했어요. '뭔가 하고 계시겠지.' 제가 말했죠. '우리가 어디 있는지 아실까?' 오빠가 건성으로 대답했어요. '그럼, 그럼.' 오빠는 친구들한테 전동 뷰러 문제로 문자를 하고 있었거든요. 그런데 답변은 오지 않았어요. 다들 재즈 발레를 하고 있었거든요. 한 명은 연애 프로그램에 오디션을 보러 갔고요."

"키아라! 빨리 말을 끝낼 수 없을까? 대체 말하려는 게 뭔가요?"

"거의 다 끝나가요. 선생님! 우리는 세 번째 가게로 갔어요. 폐업 전 할인 행사를 하는 곳이었어요. 전동 뷰러는 20퍼센트 할인 중이었죠. 우린 그걸 보고 다음 가게로 갔어요. 네 번째 가게에서 오빠는 '여기는 다른 물건을 같이 사면 할인을 해 준대! 뷰러를 할인받으려면 눈썹 영양제 두 통을 8유로 주고 사야 해! 으아아아아!' 하고 소리쳤어요. 제가 말했죠. '진정해! 오빠 그 영양제 써?' 오빠가 말했어요. '아니! 하지만 뷰러를 사긴 해야 해! 이제 어떡하지?' 저는 일단 오빠를 데리고 나갔어요. '미치겠네! 너무 어려워! 으아아아아!' 오빠가 길 한복판에서 더 크게 소리를 지르기 시작했어요. 그때 갑자기 오빠가 말했어요. '이모는 어디 계시지? 이모를 잊고 있었네!' 크리스토 오빠는 달리기 시작했고, 저도 오빠를 쫓아갔어요. 쇼핑가의 왼쪽도 보고, 오른쪽도 보고, 뷰러를 파는 가게들도 다시 가 보고, 여기저기 살펴보았지만 이모는 보이지 않았어요. 그래서……"

키아라가 갑자기 하던 말을 멈추었어.

"아, 미안해요. 제가 말이 너무 많았죠? 그러니까 제가 하고 싶었던 말은…… 어떤 가게에서 전동 뷰러를 가장 싸게 살 수 있을까요? 정말 알고 싶어요!"

곧 오후 수업이 시작될 거야. 키아라는 선생님과 아이들을 바라보았지. 모두들 돌아앉아서 키아라의 입만 보고 있었어.

"왜요? 제가 좀 서둘러 말했어야 했나요?"

"그래요. 그런데……."

선생님이 약간 쉰 목소리로 말했어. 아이들은 아무도 움직이지 않았지. 키아라는 눈썹을 치켜세웠어. 한쪽, 또 다른 쪽. 그리고는 속삭이듯이 말했어.

"음…… 좋은 질문이 아니었나요?"

갑자기 교실에 큰 소란이 일었어. 모든 아이들, 말 그대로 모든 아이들이 동시에 소리를 질렀거든.

"데올린다 이모는 어디에 계셨는데?!!!"

"아…… 30분 뒤에 햄버거 가게에서 찾았어. 냅킨으로 입을 닦고 계시더라고. '이모, 왜 갑자기 사라지셨어요? 걱정했다고요!' 우리가 묻자, 이모는 장난꾸러기 같은 표정으로 소리치셨어. '햄버거가 세일 중이었다고! 두 개 가격에 세 개!'"

쓸모 있는 수학 질문 11: 키아라

어떤 가게에서 전동 뷰러를 가장 싸게 살 수 있을까?

키아라, 티네 선생님이 전동 뷰러를 파는 가게들의 할인에 관한 질문을 쪽지로 적어 주셨어요.

나한테는 약간 어지러운 문제인데, 일단 표를 한번 만들어 볼게요.

가게 네 곳을 다녀왔다고 했지요.

키아라, 너와 크리스토가 원한 건 19.9유로짜리 전동 뷰러를 사는 거였죠. 가게마다 할인 정책이 다 달랐고요.

	가게 1	가게 2	가게 3	가게 4
사야 하는 물건은?				
가게에서 제시한 할인은?				
지불해야 하는 비용은?				

첫 번째 가게에서는 스티커 카드를 다 채워 오면 7.5유로를 할인받을 수 있었어요. 크리스토 오빠는 아이 펜슬 하나만 사면 스티커 카드를 채울 수 있었죠. 그리고 아이 펜슬은 꽤 쓸 만해요. 만약 인상이 매서우면….

그만, 그만!

그럼 아이 펜슬은 얼마였나요?

제일 맘에 드는 게 6유로였어요.

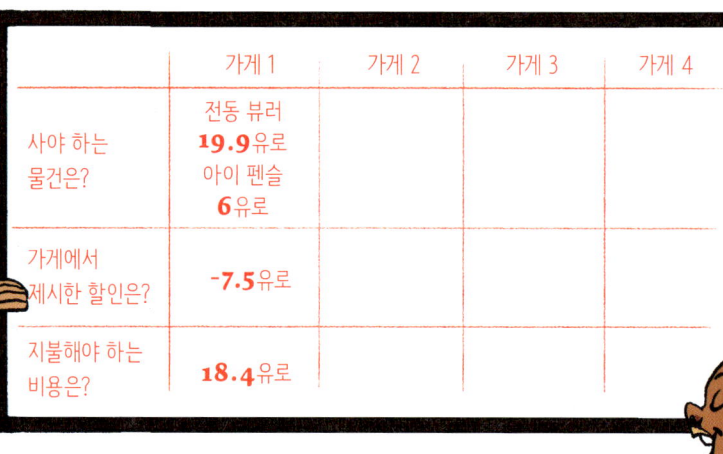

크리스토가 얼마를 내야 하는지 직접 계산해 보세요.

	가게 1	가게 2	가게 3	가게 4
사야 하는 물건은?	전동 뷰러 **19.9**유로 아이 펜슬 **6**유로			
가게에서 제시한 할인은?	**-7.5**유로			
지불해야 하는 비용은?	**18.4**유로			

18.4유로요!

맞아요. 이번에는 두 번째 가게를 살펴봅시다.

여기서는 한 개 값에 두 개를 얻을 수 있다고 했지요.

	가게 1	가게 2	가게 3	가게 4
사야 하는 물건은?	전동 뷰러 **19.9**유로 아이 펜슬 **6**유로	전동 뷰러 **2**개 **38.8**유로		
가게에서 제시한 할인은?	**-7.5**유로	**-19.9**유로		
지불해야 하는 비용은?	**18.4**유로	**19.9**유로		

뷰러를 왜 한꺼번에 두 개나 사라고 하지?

뷰러가 두 개면 양쪽 눈을 한꺼번에 꾸밀 수 있으니까?

"그리고 세 번째 가게는 폐업 정리 중이었어요. 모든 물건을 20퍼센트 할인하고 있었죠. 할인을 받기 위해 다른 물건을 더 사지 않아도 되었어요. 하지만 다른 괜찮은 물건들이 많아서…."

"어디 한번 보자…"

"19.9유로의 20퍼센트면…."

백분율

백분율은 하나의 수를 **100**조각으로 나눈 뒤 그중 몇이 되는지를 나타내는 거예요. 기호로는 **%**(퍼센트)라고 써요.

20% = 100개 중 **20**개, **47%** = 100개 중 **47**개

백분율을 계산하려면, 먼저 가지고 있는 수를 **100**으로 나누세요. 그러면 **1%**가 얼마인지 나오지요.

예: **1500**의 **7%**는 얼마인가?
100% = **1500**
1% = **1500** ÷ **100** = **15**

그러고 나서 얻고 싶은 백분율의 수로 곱하는 거예요.
1% = **15**이므로, **7%** = **7** × **15** = **105**

"백분율을 얻으려면 먼저 전체 금액을 100으로 나누어야지."

"19.9유로 나누기 100을 하면 0.199유로."

"그리고 나서 거기에 20을 곱하면…"

"3.98유로다."

"선생님, 이렇게 계산하는 게 더 빠르지 않을까요?"

"20퍼센트는 전체의 5분의 1이잖아요. 20퍼센트에 5를 곱하면 전체인 100퍼센트가 나오니까요."

"그러니까 19.9유로를 5로 나누는 게 더 빠르겠어요. 그렇죠?"

"맞았어요! 그러면 답은 얼마가 나올까요?"

"음…" "3.98유로요!"

그게 할인받는 금액이라면, 총 얼마를 내야 할까요?

	가게 1	가게 2	가게 3	가게 4
사야 하는 물건은?	전동 뷰러 **19.9**유로 아이 펜슬 **6**유로	전동 뷰러 **2**개 **38.8**유로	전동 뷰러 **19.9**유로	
가게에서 제시한 할인은?	**-7.5**유로	**-19.9**유로	**-3.98**유로	
지불해야 하는 비용은?	**18.4**유로	**19.9**유로	**15.92**유로	

이제 네 번째 경우를 계산해 보죠.

이 가게에서는 다른 물건을 사야 한댔는데…

눈썹 영양제?

네, 영양제 두 통을 사면 뷰러를 50퍼센트 할인해 준다고 했어요. 영양제 두 통은 합쳐서 8유로지요. 크리스토 오빠는 눈썹을 건강하게 가꾸려면 영양제를 잘 써야 한댔어요.

그렇구나!

	가게 1	가게 2	가게 3	가게 4
사야 하는 물건은?	전동 뷰러 **19.9**유로 아이 펜슬 **6**유로	전동 뷰러 **2**개 **38.8**유로	전동 뷰러 **19.9**유로	전동 뷰러 **19.9**유로 눈썹 영양제 **2**통 **8**유로
가게에서 제시한 할인은?	**-7.5**유로	**-19.9**유로	**-3.98**유로	**-9.95**유로
지불해야 하는 비용은?	**18.4**유로	**19.9**유로	**15.92**유로	**17.95**유로

수업이 끝난 뒤
크리스토가 키아라에게

"미국인 여성 로런 퍼이어는 다른 사람들을 돕기 위해 어마어마한 쿠폰을 수집했어. 덕분에 엄청나게 멋진 일들을 해냈대. 쿠폰 뭉치와 레스토랑 파스타 한 접시 값으로 150명을 위한 식사를 주문했고, 온갖 쿠폰을 잘 조합해서 이탈리안 파스타 100박스와 파스타 소스 50병을 완전히 공짜로 살 수도 있었대. 지금까지 퍼이어는 거의 10만 명의 사람들에게 음식을 나누어 주었고, 지금도 계속 쿠폰을 모으고 있다고 해. 진짜 대단하지!"

엄마와 아빠의 벽
옌스의 이야기

상어 스무 마리가 옌스를 보는 것 같았어. 모두 화가 난 표정이었지. 도대체 왜 일까? 무슨 일이 벌어진 걸까? 옌스는 어떻게 해야 하지?

어제 옌스는 방에서 숙제를 하고 있었어. 동유럽 지리와 수학 수업의 질문에 대해 생각하고 있었지. 갑자기 아빠의 차 소리가 들렸어. 브레이크가 멈추는 소리, 차 문이 열리는 소리, 아빠와 동생 벨러가 대문에서 현관으로 이어지는 자갈길을 걷는 소리도 들렸어.

오늘은 옌스와 벨러가 집을 바꾸는 날이야. 둘은 수요일마다 번갈아 가며 한 번은 엄마 집, 다른 한 번은 아빠 집에서 지내거든. 그렇게 하는 건 옌스와 벨러에게 큰 문제가 아니었어. 하지만 부모님한테는 문제였지. 부모님은 서로를 싫어했거든. 물론, 엄마는 때때로 이렇게 말했어.

"아뇨, 저희 부부는 서로를 싫어하지 않아요. 단지 서로에 대한 이해가 부족해지고, 할 말이 적어졌을 뿐이에요."

아이들이 집을 바꾸는 날이면 아빠는 항상 차에 있고 엄마는 집에 머물렀어. 그 반대일 때도 있었지. 엄마와 아빠 사이에는 벽이 있는 것 같았어. 눈에 보이지 않지만, 무엇도 뚫을 수 없는 자기장의 벽 같은 것 말이야. 벨러와 옌스는 이 집에서 저 집으로 옮길 때마다 이 일을 겪어야 했어. 같은 상황이 매주 반복되었고, 딱히 큰일은 벌어지지 않았어. 마음이 조금 아프긴 했지만.

그런데 지금 평상시와는 다른 일이 일어나고 있어. 현관 앞 자갈길을 걷는 아빠의 발소리가 들리다니. 몇 주 만에 처음으로 아빠가 차에서 내린 거야.

옌스는 황급히 계단을 내려왔어. 와우, 와우. 갑자기 자기장의 벽이 사라진 듯한 느낌이 들었어. 여전히 아빠는 밖에 서 있고 엄마는 집 안에 있었지만, 현관문이 열려 있었고 두 사람은 차분하게 서로를 마주하고 있었지.

옌스는 엄마 뒤에서 아빠를 바라보다가 벨러를 보았어. 이 순간이 얼마나 특별한지 벨러는 이해하지 못했어. 피곤했는지 엄지손가락을 빨고 있을 뿐이었지. 그때, 특별한 순간이 더 특별해졌어. 엄마와 아빠가 서로 말을 하기 시작한 거야!

"왔어?"

"응, 오랜만이야."

"음…… 벨러의 체육 수업은 괜찮았어?"

"응…… 안으로 들어가도 될까?"

"그래, 들어와."

옌스는 엄마의 말에 귀가 따뜻해지는 기분이었어. 옌스는 아빠에게 "아빠, 어서 와요!" 하고 소리치듯 말했지. 두 시간 전에 아빠를 본 건 문제가 아니었어. 옌스는 아빠를 먼저 껴안고 싶었어. 열한 살이나 되었지만, 오늘은 너무 특별하니까.

"하하, 옌스."

아빠가 옌스를 두 팔로 끌어안았어. 둘은 그렇게 서로를 꼭 안은 채 거실 문으로 들어갔지. 그 모습을 지켜보던 엄마가 말했어.

"옌스. 엄마랑 아빠가 잠시만 따로 있게 해 주겠니? 벨러 운동복은 빨래 바구니에 넣고, 혹시 벨러가 잊은 게 없는지 확인해 줄래?"

"싫어요."

옌스가 말했어. 아빠에게서는 가죽 재킷 냄새가 났어. 아빠 집에 있을 때는 잘 몰랐는데 엄마 집에서 맡으니 기분이 너무 좋았어.

"옌스."

옌스는 마지못해 아빠를 놓아주었어. 그리고 뒷걸음치듯 거실 문으로 가서 살짝

손을 흔들었어. 아빠는 옌스를 보지 못했어. 그저 텔레비전 의자 옆에 어색하게 서 있을 뿐이었지. 엄마는 찬장 쪽으로 가서 서랍 문을 열었어. 그리고 거실 문을 향해 "옌스!" 하고 소리쳤어. 옌스는 그제야 문을 닫았어.

"벨러!"

옌스는 세 걸음 만에 날아가듯 계단 위로 올라가서 동생을 불렀어. 벨러는 옌스의 방에서 태블릿 피시를 보고 있었어. 옌스가 벨러에게 물었어.

"또 게임 하고 있어?"

벨러는 대답 없이 화면을 두드리기만 했어. 옌스는 다시 한 번 말을 걸었어.

"벨러! 지금 엄청난 일이 벌어졌잖아. 엄마랑 아빠가 다시 말을 하신다고!"

벨러는 게임 화면에서 눈을 떼고 옌스를 바라보았어.

"엄마랑 아빠가 이러신 적이 없잖아. 이건 정말 특별한 일이야. 같이 계단 밑으로 내려가서 무슨 말씀을 하시는지 들어 보자!"

벨러는 침대에서 껑충 뛰어내리더니 미끄러지듯 계단 쪽으로 걸어갔어. 옌스와 벨러는 발끝으로 살금살금 계단을 내려와서 거실 문에 귀를 대고 섰어. 엄마와 아빠가 이야기하는 소리가 들렸어. 옌스는 '만약 두 분이 다시 같이 살게 된다면, 내 소원이 이루어지는 거야!' 하고 생각했어.

"전화로는 말하고 싶지 않았어."

엄마가 말했어. 옌스는 벨러의 손을 부드럽게 잡았어. 모든 게 제자리로 돌아오는 기분이 들었어. 수학 시험지의 오답이 정답으로 바뀐 기분이랄까. 아니면 축구 시합에서 0 대 3이었던 점수가 3 대 0으로 바뀌어 이기게 된 기분이랄까.

"그럼. 이렇게 하는 게 더 낫지. 그래서 내가 온 거야."

아빠의 목소리가 들렸어. 옌스는 생각했어. 엄마랑 아빠는 너무 어리석었어. 두 분의 싸움이 시작된 뒤 아빠는 새 집으로 이사를 했고, 요리를 못하는 엄마는 모든 음식을 배달 앱으로 주문해야만 했어. 죄다 시간 낭비야!

갑자기 벨러가 집게손가락을 치켜올리더니 문에서 물러나 옌스에게 따라오라고 손짓했어. 옌스는 벨러를 따라 뒷걸음질로 계단을 올랐어. 그때 문이 열리기 시작했어. 아, 엄마와 아빠가 모든 게 다시 제대로 돌아왔다고 빨리 말해 주면 좋겠다. 끼이익, 방문에서 소리가 났어. 아빠는 천천히 문을 열며 엄마에게 말했어.

"그럼, 이제 다 잘된 건가?"

"그래, 고마워."

엄마의 중얼거리는 듯한 목소리가 들렸어. 그리고 아빠가 복도로 나왔어.

"아빠!"

옌스가 계단을 쿵쾅쿵쾅 내려오며 소리쳤어. 그런데 아빠는 코트도 벗지 않았고, 머리를 떨군 채 현관문을 향해 걸어갔어. 뭔가 이상했어.

"아빠!"

옌스가 다시 외치며 아빠를 향해 뛰어갔어. 아빠는 정신이 없어 보였어. 차에 무언가를 두고 온 모양이야. 아이스크림이 든 봉투 아니면 세면도구 가방 같은 것 말이야. 옌스는 현관에

서서 자갈길을 내려가는 아빠를 보았어. 두 걸음, 네 걸음……. 벨러가 옌스 곁으로 왔어. 옌스는 고개를 돌려 소리쳤어.

"엄마! 아빠는 이제 뭐 하신대? 오늘 밤 여기서 자고 가신대?"

엄마가 옌스와 벨러 뒤로 왔어. 엄마는 한 손은 옌스의 오른쪽 어깨에, 다른 손은 벨러의 왼쪽 어깨 위에 올리고는 부드럽게 말했어.

"옌스, 무슨 생각을 하는 거니? 아빠랑 내 사이가 어떤지 너도 잘 알잖아."

그때 옌스는 아빠가 고개를 숙인 채 걷고 있는 걸 보았어. 아빠는 차에서 아무것도 꺼내지 않고 운전석으로 들어갔어. 차가 곧 출발했어.

"안 돼!"

옌스는 소리쳤어. 그리고 엄마를 향해 돌아서서 거친 목소리로 말했어.

"왜! 그러면 왜 아빠가 집에 들어왔는데!"

"오, 옌스. 아빠는 오늘 최종 이혼 합의서에 사인하러 오신 거야. 이제는 우리가 법적으로 이혼을 한 거야."

"이혼이라고? 난 엄마랑 아빠가……."

옌스는 차마 말을 끝맺을 수가 없었어. 갑자기 피로감이 몰려와서 팔을 옆으로 축 늘어뜨렸지. 그때, 벨러가 울음을 터뜨렸어. 엄마는 벨러를 감싸 안았어. 옌스는 모든 걸 오해한 거야. 엄마랑 아빠는 다시는 함께하지 않을 거야.

옌스는 현관문을 닫고 나와서 앞뜰을 바라봤어. 그리고는 두 눈에 눈물을 가득 담은 채, 벽에 대해 생각하기 시작했지. 갑자기 어디에선가 벽돌이 나타나 저절로 쌓여 벽이 되었어. 실제로 일어나지도 않았고, 일어날 일도 아니었지만 옌스는 진짜 눈앞에 커다랗고 두꺼운 벽이 보이는 것만 같았어. 옌스는 마구 소리를 지르고 싶었어. 하지만 목이 메어 아무 말도 할 수 없었어. 그래서 닥치는 대로 발길질을 하기 시작했어.

모든 건 어제 있었던 일이야. 그리고 지금, 화가 잔뜩 난 반 친구들이 옌스를 바라보고 있네. 무슨 일이 벌어진 거야? 뭘 해야 하는 거지?

옌스는 아빠와 엄마, 그리고 벽 말고는 아무 생각도 할 수 없었어. 어떻게 그 모든 걸 오해할 수 있었을까. 옌스는 앞뜰에 높인 화분들을 마구 깨뜨리고는 뒤뜰로 뛰어가 바닥에 있던 자전거를 발로 찼어. 화분 상자 하나를 더 발로 차려는 순간, 엄마가 뒤에서 나타나 옌스를 힘껏 껴안았어.

그래, 어제의 일이야. 지난밤 동안 옌스는 여섯 번이나 울었어. 아침이 되었지만 거의 아무것도 먹을 수 없었지. 학교에서도 집중할 수 없었어. 점심시간에는 축구에 끼는 대신 혼자 운동장을 뛰었어.

오후 수업 때 아이들은 뉴스에 대한 토론을 했어. 옌스는 집중할 수 없었어. 토론 내용이 뭐였더라? 난민이 어쩌고저쩌고? 그때 누군가 벽이라는 단어를 꺼냈어. 갑자기 옌스는 확 깨어나는 것 같았어. 내 지리 숙제! 수학 문제!

다른 아이들은 토론을 하느라 바빴어. 아이들은 네덜란드나 벨기에, 미국 같은 나라에서 난민 아이들의 입국을 거부하는 상황이 어처구니없다고 했어. 하지만 옌스의 귀에는 아무것도 들리지 않았어. 옌스는 손을 번쩍 들어 올렸어.

"선생님! 수학 문제를 무엇으로 할지 알겠어요! 제 수학 문제는 이거예요. '우리 마을 전체를 둘러쌀 수 있는 벽을 만드는 데 비용이 얼마나 들까요? 그 벽은 얼마나 커다랗고 두꺼워야 할까요?'"

옌스가 토론을 망치려는 건 아니었어. 옌스는 어제 일로 화가 많이 나 있었어. 옌스의 마음은 최종 이혼 합의서나, 어깨를 웅크린 채 걸어가던 아빠, 배달 앱에서 음식을 주문해야 하는 엄마 같은 것들로 가득 차 있었어.

옌스의 말에 친구들이 놀란 표정으로 옌스를 바라보았어. 놀라움은 그리 오래가지 않았어. 옌스는 친구들의 눈빛에서 놀라움이 분노로 바뀌는 걸 보았어.

"뭐라고? 그게 지금 할 말이야?"

"난민들을 막을 벽을 만들겠다는 뜻이야? 너 무슨 독재자라도 되니?"

키아라와 미렐바, 만과 스벤, 그리고 몇몇 아이들이 소리를 질렀어.

"옌스, 수학 문제는 내일까지 정해도 돼요. 왜 지금 그 말을 하는 걸까요?"

티네 선생님도 한마디 했어. 옌스는 뒤를 돌아보았어. 짙은 색 눈동자들이 깜박이며 옌스를 보고 있었어. 선생님의 파란 눈동자도 영문을 모르겠다는 듯 옌스를 향했지. 그 순간, 옌스는 일곱 번째로 눈물을 터뜨렸어.

벽을 축구장에 두른다면
쿠제이의 이야기

쿠제이는 옌스와 학교 강당 구석에 앉았어. 티네 선생님이 쿠제이에게 옌스를 데리고 나가서 진정시킬 수 있겠냐고 물어봤거든. 쿠제이와 옌스는 단짝까지는 아니었지만 교실에서 옆자리에 앉았어. 축구를 할 때는 둘 다 왼쪽 수비를 맡았지.

다른 아이들처럼 쿠제이도 옌스가 갑자기 울음을 터뜨렸을 때 굉장히 놀랐어. 처음에는 모두들 옌스가 벽에 대한 엉뚱한 말을 해서 운 것이라고 생각했어. 난민과 국경에 대해 토론하는 중이었으니까. 선생님은 옌스의 곁으로 와서 말했어.

"옌스, 우리는 토론을 하고 있었잖아요."

옌스는 머리를 거세게 저었어. 눈물이 옌스의 뺨에서 흩날렸지. 눈물 한 방울이 쿠제이의 책상에 떨어졌어. 눈물 때문이었을까. 쿠제이는 옌스에게 다른 일이 생겼을 수도 있겠다는 생각이 들었어. 평소에 옌스는 절대로 우는 법이 없거든. 축구 경기 중에 수비하던 선수를 놓쳐서 친구들이 항의할 때도 울지 않았어. 어깨를 으쓱하고는 두 배로 열심히 노력하는 그런 아이였지.

티네 선생님이 옌스 곁에 섰을 때, 몇몇 아이들은 여전히 화가 잔뜩 나 있었어. 옌스는 계속 머리를 가로젓고 있었어.

"선생님, 제가 보기엔 옌스에게 다른 일이 있는 것 같아요."

쿠제이가 부드럽게 말했어.

"내 생각도 그래요. 옌스는 나가서 물이라도 한 잔 마셔야 할 것 같아요. 쿠제이가 같이 가 줄래요?"

"좋아요."

쿠제이가 말했어.

옌스는 물 세 잔을 연거푸 마셨고, 쿠제이는 새 물을 떠 줬어. 얼마나 시간이 지났을까, 쿠제이가 입을 열었어.

"옌스, 그런데 너 올여름에 열릴 유럽 축구 선수권 대회 볼 거야?"

"물론이지…… 넌 네덜란드 응원할 거야?"

"응, 그리고 튀르키예도 응원할 거야. 둘 다 떨어지면 포르투갈 아니면 스페인을 응원하려고. 너는?"

"벨기에를 응원할 것 같아."

"그렇군."

그 순간 쿠제이는 머릿속으로 생각했어. 그냥 한번 물어볼까?

"아까는 왜 그랬어?"

"비밀이야."

"부모님 때문이야?"

"…… 맞아."

"좀 심각한가?"

"좀 그래."

"일부러 그랬던 건 아닐 거야."

옌스는 벌떡 일어났어.

"두 분 다 이제 그만두셔야지! 서로 싫어하는 짓 그만하고, 잘 지내는 척하는 것 그만하고……."

"워워! 아까 교실에서 네가 일부러 그런 게 아닌 것 같다고 말한 거야."

"아, 그거. 난민을 막는 벽을 말하려던 건 아니었어. 우리 부모님이……."

옌스가 털썩 앉으며 말했어. 옌스의 어깨가 다시 축 처졌어.

"아, 네 부모님이 좀 심각한 상황이라서?"

"응, 그래서 친구들이 토론하는 내용이 하나도 귀에 안 들어왔어."

"뭐, 나도 그랬어."

"너도 그랬다고?"

옌스가 옆을 바라보았어.

"응. 우리 아빠가 그러는데 세상에 난민은 없대. 그냥 사연이 있는 사람들이지."

"무슨 사연?"

"나도 몰라. 각자의 삶에서 생긴 사연이겠지. 아빠는 뉴스를 볼 때마다 항상 화를 내셔. 특히 외국인이나 난민에 대한 뉴스를 보면서 말이야. 텔레비전을 보다가 의자에서 벌떡 일어나서 소리를 지른 적도 있다니까. '사람들은 다 달라! 대체 감히 누가 누구를 판단하는 거야? 난 튀르키예 사람이면서 네덜란드 사람이야! 난 아빠면서 운동하는 사람이라고! 나는 동시에 여러 사람이 될 수 있어!' 그러고는 텔레비전 위쪽의 전원 버튼을 누르시지. 그러면 나도 아빠한테 말해. '아빠! 리모컨으로 끄셨어야죠. 저렇게 끄면 나중에 켤 때 텔레비전까지 걸어가야 하잖아요!'"

쿠제이는 말을 멈추었어. 자기가 하는 말에 놀라는 눈치였어. 옌스와는 축구를 같이 하는 친구일 뿐 그 이상은 아니라고 여겼거든. 뭐, 축구 경기 중에는 좋은 동료였지. 쿠제이가 돌진하면 옌스가 옆에서 도와주곤 했으니까.

둘은 종종 월 패스를 했어. 쿠제이의 머릿속에 월 패스를 하던 둘의 모습이 떠올랐어. 옌스가 쿠제이에게 공을 넘기면 쿠제이가 맞받아 차고, 또 옌스가 돌려받아서 찼지. 그러면서 필드 멀리까지 나아갔어.

"내 생각엔…… 벽 말고, 난민을 위한 집을 짓는 비용이 얼마일지 물어보는 게 더 나았을지도 몰라."

옌스가 말했어.

"음, 그런데 넌 벽에 대해서도 나쁜 뜻으로 말한 게 아니었잖아."

"그렇지……."

"음…… 좋아! 수학 시간에 내가 널 도와줄게. 우리 질문을 합치자."

"뭐? 어떻게?"

쿠제이가 일어서서 옌스의 어깨를 쳤어.

"그냥 별것 아니야. 월 패스 전략이지."

쿠제이는 교실 문을 두드렸어. 둘이 들어오자 책을 읽던 아이들은 모두 고개를 들었어. 옌스는 아이들이 자기의 뺨을 바라보고 있는 걸 느꼈어. 옌스의 뺨에 여전히 눈물이 남아 있는지 궁금했나 봐.

좋아, 이제 모두에게 둘이 나눈 이야기를 말할 거야. 옌스는 침을 꿀꺽 삼켰어.

"선생님. 괜찮으시다면 수학 질문을 바꾸고 싶어요. 그래도 될까요? 제 진짜 질문은 이거예요. '한 해 동안 이혼한 부부가 다시 함께 산다면, 난민에게 줄 수 있는 빈집이 몇 채나 생길까요?'"

선생님의 얼굴에 조심스러운 미소가 번졌어. 그 미소는 쿠제이가 월 패스 전략을 써서 질문을 매듭지었을 때 더 커졌지. 쿠제이가 물었어.

"선생님. 제 수학 질문도 말해도 돼요? 이거예요. '우리 축구장 둘레에 벽을 세운다면 비용이 얼마나 들까요?' 진짜로 엄청나게 두꺼운 벽이요! 왜냐하면, 온 동네의 개들이 우리 축구장에 와서 똥을 싸거든요!"

쓸모 있는 수학 질문 12: 옌스

한 해 동안 이혼한 부부가 다시 함께 산다면, 난민에게 줄 수 있는 빈집이 몇 채나 생길까?

어렵지 않은 질문처럼 보이네요. 1년간 이혼하는 부부의 수가 얼마인지 찾아보면 되지요. 그리고 그 수를 2로 나누면, 짜잔! 텅 빈 집의 숫자가 딱 나오지요.

그런데…

이혼한 사람 중에는 다른 짝을 만나서 같이 사는 사람들도 있잖아요.

예를 들어, 제 삼촌은 이혼한 뒤 새 여자 친구와 살고 있어요. 삼촌에겐 아이가 세 명이 있고, 새 여자 친구분도 아이가 세 명이 있지요.

그래서 여섯 명의 아이들이 같이 살아요. 각각 다른 부모님의 집에 가느라 아이들이 한 명도 없을 때도 있고요.

만약 삼촌의 전 부인과, 새로운 여자 친구의 전남편이 다 함께 산다면…

그런 일은 절대 일어날 수 없어요!

수업이 끝난 뒤
사회 시간에

튀르 선생님: 전 세계의 난민은 정확히 몇 명일까요?

쿠제이: 백만 명쯤 될까요?

튀르 선생님: 그보다는 많아요. 2022년 중순 기준으로 나라 안에서 고향을 잃은 사람을 포함하면 1억 명이 넘지요. 이렇게 직관적으로 답을 구하기 어려운 질문거리에 대해 생각한 사람이 또 있어요. 바로 스웨덴의 자선가 한스 로슬링이랍니다.

1. 가난한 나라에 사는 여자아이 중 어느 정도가 초등학교를 졸업할 수 있을까?

   1) 20%   2) 40%   3) 60%

2. 1996년에 호랑이, 대왕판다와 검은 코뿔소가 멸종 위기종으로 지정되었다. 그중 현재 아주 심각한 멸종 위기를 겪고 있는 종은 몇일까?

   1) 0종   2) 1종   3) 2종

정답은 1번 3), 2번 1)이에요. 앞엣것은 로슬링이 아이들 사이에서 정답자였던 이들 중 제 기 나중 값 보다는 유용한 종들이 없었고, 세상이 나빠지고 있다며 생각한 사람들에게 답을 물었을 때 나온 결과입니다.

※ 고기가 떨어이라.

쓸모 있는 수학 질문 13: 쿠제이

축구장 둘레에 벽을 세운다면 비용이 얼마나 들까?

그러면 이어서 쿠제이의 질문을 다뤄 볼까요?

지난 주말 동안 우리 축구장의 길이를 재 보았답니다.

잘 보세요.

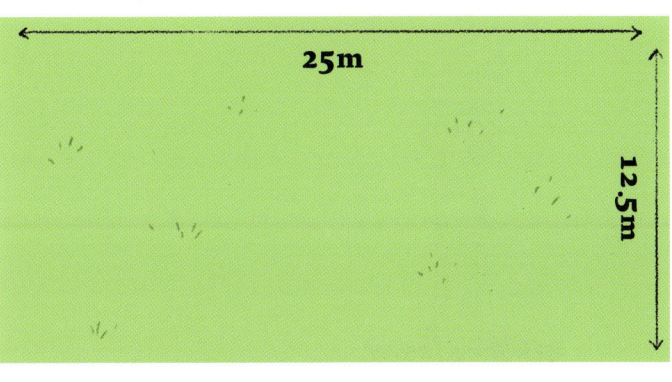

보다시피 축구장의 가로 변은 25미터, 세로 변은 12.5미터예요.

계산에 앞서, 벽의 높이는 어느 정도로 할지를 정해 볼까요?

여러분 생각은 어때요?

그냥 10미터로 해요!

저는 키가 가장 큰 축구 선수의 키만큼이 좋을 것 같아요!

3미터 어때요?

아님 1미터?

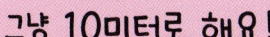

좋아요, 그러면 평균을 내 보죠.

2미터예요!

벽은 벽돌로 쌓을 거예요!

벽을 세우는 데 드는 비용을 알려면 우선 어떤 재료를 쓸지 정해야지요.

반 토막짜리 벽돌이면 충분할 것 같네요.
두께는 벽돌의 절반이지만 값이 싸거든요.

그러면, 제곱미터당 **111**유로가 들 거예요.
그런데 여러분은 제곱미터가 무슨 뜻인지 알고 있을까요?

면적을 나타내는 단위랍니다.

제곱미터

가로가 **1**미터, 세로가 **1**미터인 정사각형 표면의 면적은 **1**제곱미터입니다.
다음과 같이 표기하지요: **1m²**

면적

"들판의 넓이는 얼마일까요?"
"여러분 집 바닥은 얼마나 넓나요?"
이런 질문은 "그 공간에 길이가 **1**미터, 높이가 **1**미터인 정사각형이 몇 개가 들어가나요?"라고 묻는 게 정확하답니다.

면적을 제곱미터(m²)로 묻는 것이지요.
직사각형의 가로 길이와 세로 길이를 곱하면 답이 나와요.

이제 벽의 면적을 한번 계산해 보지요.

먼저 축구장의 가로 변에 세울 벽을 살펴볼까요?

벽은 위로 솟아 있으니까, 이 직사각형의 세로 길이가 벽의 높이예요.

축구장 가로 벽의 넓이는

길이 × 높이 → **25**미터 × **2**미터 = **50**제곱미터

가로 변은 두 개니까 **2**를 곱해야 해요.

맞아요!

전체는 100제곱미터가 되겠지요.

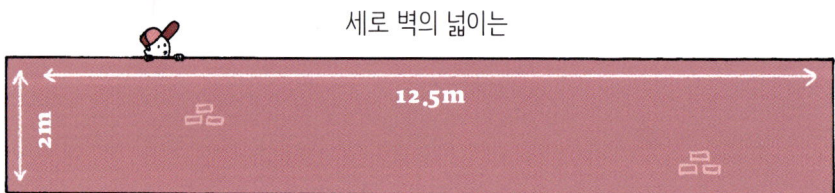

이제 세로 변도 계산해 봐야지.

세로 벽의 넓이는

길이 × 높이 → **12.5**미터 × **2**미터 = **25**제곱미터

이번에도 2를 곱하면 50제곱미터가 되겠네.

그러면 이제 다 더해 보자.

답은 150제곱미터야.

그러면 다시 한 번 계산해 보지요.
벽 전체를 만드는 데 드는 비용은….

150제곱미터 × 111유로 = **16,650**유로

(약 **2,200**만 원)

진짜 비싸네!

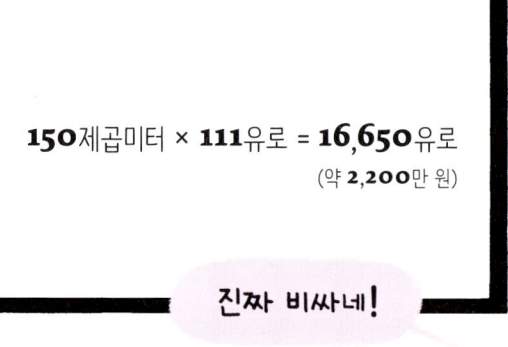

둘레

평지나 바닥 혹은 어떠한 직사각형의 둘레를 계산하려면, 외곽선의 길이를 전부 다 더하면 됩니다.

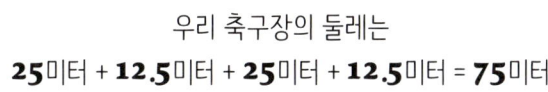

우리 축구장의 둘레는
25미터 + 12.5미터 + 25미터 + 12.5미터 = 75미터

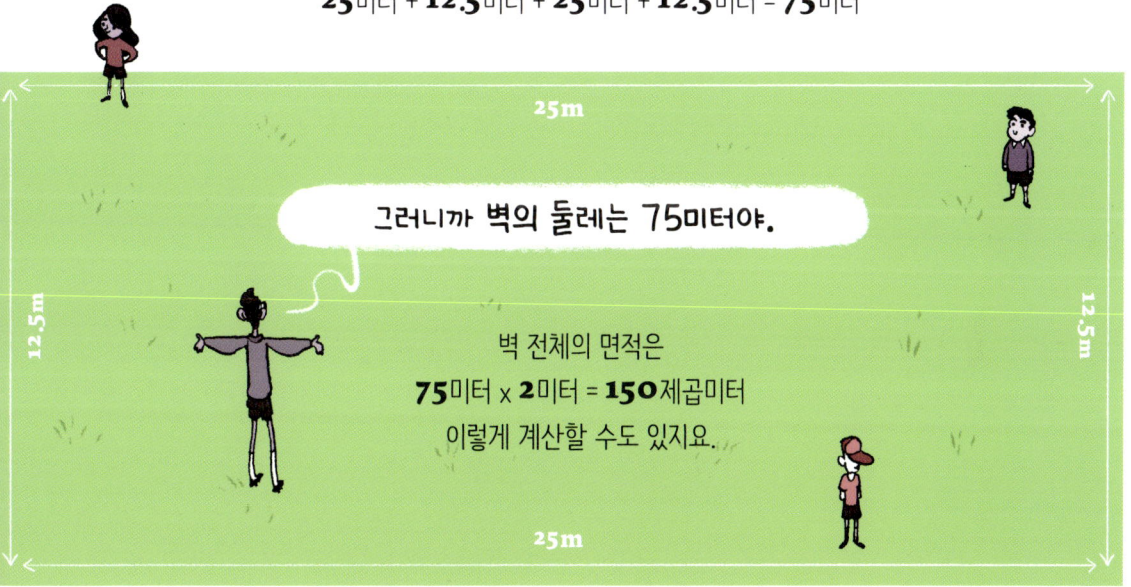

그러니까 벽의 둘레는 75미터야.

벽 전체의 면적은
75미터 x 2미터 = 150제곱미터
이렇게 계산할 수도 있지요.

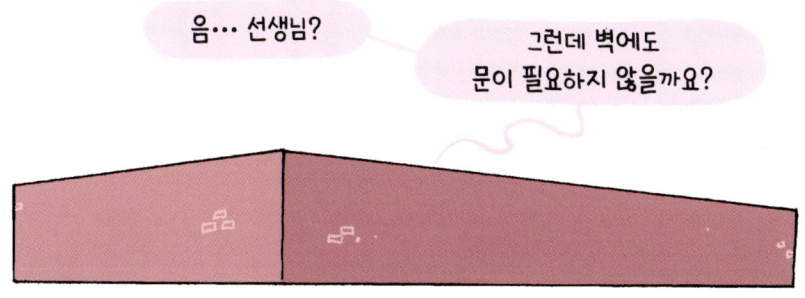

수업이 끝난 뒤
옌스와 쿠제이의 숙제 중에서

"중국의 만리장성은 세상에서 가장 긴 벽이다. 길이는 6000킬로미터에 달하고, 완성하는 데 2000년 이상의 시간이 걸렸다. 무게는 800만 마리의 코끼리를 합친 것과 맞먹는다. 만약 오늘날 이러한 벽을 쌓는다면, 비용은 무려 4000억 유로(약 536조 원)가 될 것이다."

돈은 아름다워
미렐바의 이야기

　엄마가 오늘 저녁 메뉴를 말했을 때, 가족들은 모두 탐탁지 않아 했어. 복도에서 놀던 미렐바의 동생들은 마구 투덜거렸고, 소파 팔걸이에 긴 다리를 늘어뜨리고 누워 있던 미렐바의 오빠는 소리를 질렀지.
　"엄마! 싫어요! 우리를 힘들게 하려고 그러시는 거죠!"
　식탁에서 그림을 그리고 있던 미렐바의 뒤쪽 새장에서 금화조 두 마리까지 짹짹거렸어.
　"짹짹, 이봐, 주인님들 저녁 먹는다."
　"짹짹, 뭐 먹는데?"
　"소금에 절인 고기."
　"맛있을까?"
　"뭐, 콩이랑 먹는다면 먹을 만하겠지."
　"강낭콩이랑? 그런데 왜 화가 나 보이지?"
　"이번엔 콩이랑 먹는 게 아니거든."
　"그러면 뭐랑 먹는데?"
　"계란 가지."
　"맙소사, 계란 가지?"

"그래, 계란 가지."

"이럴 수가, 계란 가지라니!"

"그러게, 계란 가지래."

"계란 가지!"

미렐바는 웃음을 터뜨릴 수밖에 없었어. 엄마가 한마디 했을 뿐인데 이렇게까지 야단법석이라니. 키아라의 표현대로라면, 계란 가지는 '수리남식 방울 양배추' 같긴 하지만 말이야.

엄마는 씁쓸한 계란 가지를 좋아했어. 그래서 종종 아이들의 기분은 신경 쓰지 않고 계란 가지 요리를 하셨지. 엄마는 음악을 틀어 놓고, 노래를 부르며 요리를 하곤 했어. 지금도 부엌에서는 음악이 흘러나오고 있어.

"나에게 손가락을 가리킨다면, 전 뭔가를 보여 드리죠~."

미렐바는 엄마처럼 계란 가지를 좋아해. 오빠나 동생들은 이해하지 못했지. 미렐바는 그건 별것 아니라고 생각했어. 지난 11년간 자신이 항상 다른 사람들과 다르다고 느꼈으니까. 엄마는 미렐바에게 그건 자랑스러운 점이라고 했어. 엄마는 이렇게 말했지.

"꽉 막힌 도로에 갇혀 있으면, 너는 주저하지 않고 갓길을 택할 아이야. 그럼 누가 먼저 도착하겠니?"

미렐바는 그림을 거의 다 그렸어. 이제 수학 질문을 만들어야 하지. 그런데 미렐바는 수학을 좋아하지 않아. 언어라면 철자에 맞게 쓰는 건 물론이고 문법까지도 좋아하지만. 그래서 미렐바는 언어 문제에 가까운 수학 문제를 떠올렸어. 먼저, 할머니가 수리남에서 가져온 2달러 50센트짜리 지폐를 하얀 종이에 붙였어. 그리고 다른 여러 나라의 돈도 나란히 붙였어. 그 아래에는 아름답고 신기한 이름들을 예쁜 글씨로 적었지.

달러, 루블, 원, 쿠나, 포린트, 크로네, 레프…….

미렐바는 그 옆에 글을 썼어.

"이게 수학 문제일지는 모르겠어요. 그런데 이 지폐는 모두 그 나라 사람들에게 매우 중요하겠죠?"

미렐바는 선생님들이 방금 적은 것을 문제로 써도 된다고 허락해 주시길 바랐어. 엄밀히 말하면 질문을 적은 건 아니었지만.

"나에게 손가락을 가리킨다면~."

엄마는 다시 노래를 불렀어. 쌉싸름하고 짭짜름하면서 황홀한 냄새가 온 아파트에 퍼졌어. 미렐바는 갑자기 행복해졌어. 엄마, 동생, 오빠, 단짝 친구 키아라, 반 친구들, 미렐바만의 독특한 성격, 오늘 하루, 삶, 태양, 이 모든 것들에 말이야.

쓸모 있는 수학 질문 14: 미렐바

돈에 관하여, 다양한 지폐에 관하여, 모두 너무나도 아름다우니까.

> 정답은 274쪽에 있어요.

1. 수리남 달러를 원화로 환산하는 법

수리남 1달러는 대한민국 40원과 같은 값입니다. 아래 물건의 가격을 수리남 달러에서 원화로 환산해 보세요.

아이스크림 1개:    10 수리남 달러 = _____원

티셔츠 1장:    75 수리남 달러 = _____원

잡지 1권:    13 수리남 달러 = _____원

동물원 입장권 1장: 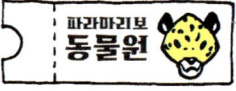   25 수리남 달러 = _____원

계란 가지 1킬로그램:    7 수리남 달러 = _____원

2. 편리한 돈 계산 (1)

대한민국에서는 **10**원, **50**원, **100**원, **500**원짜리 동전을 사용합니다. 아래의 돈을 가장 적은 개수의 동전을 사용하여 나타내면 어떻게 될까요?

350원	⑩⑩ ⑩ ⑩ ㊿
950원	
1,620원	
2,000원	
2,320원	

3. 편리한 돈 계산 (2)

수리남에서는 **1**센트, **5**센트, **10**센트, **25**센트와 **1**달러(**100**센트), **2.50**달러(**250**센트)짜리 동전을 사용합니다. 아래의 돈을 가장 적은 개수의 동전을 사용하여 나타내면 어떻게 될까요?

$ 0.35

$ 0.95

$ 1.85

$ 2.50

$ 2.95

4. 여러 나라의 돈

집에서 여러 나라의 돈을 찾아본 뒤 동전 또는 지폐가 얼마나 있는지 그 수를 세어 보세요.
아래의 예시처럼 표를 채우고, 그래프를 그려 보세요.

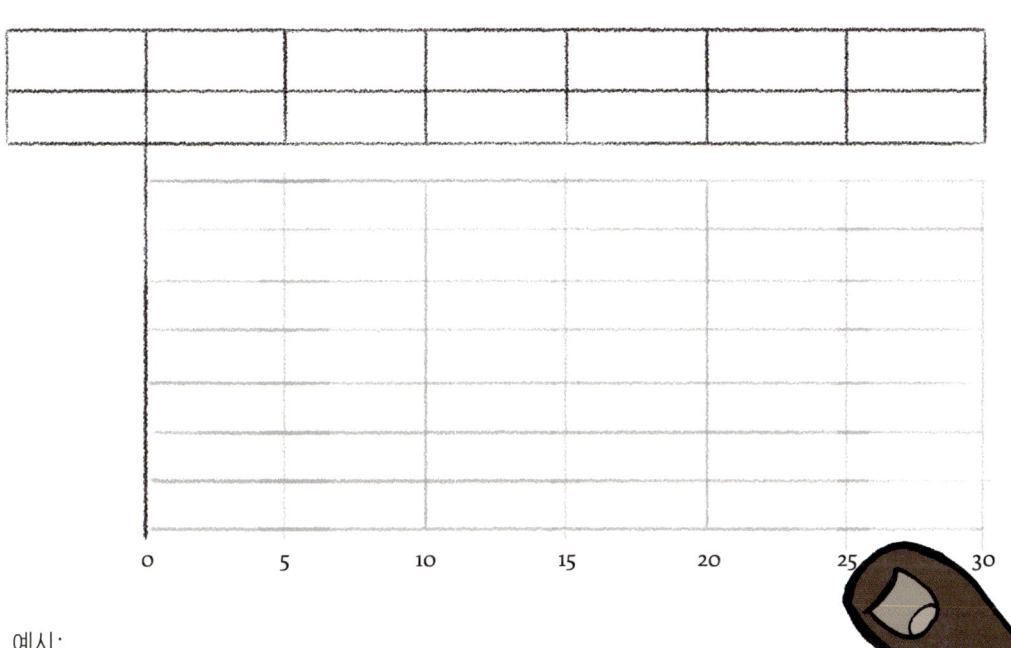

예시:

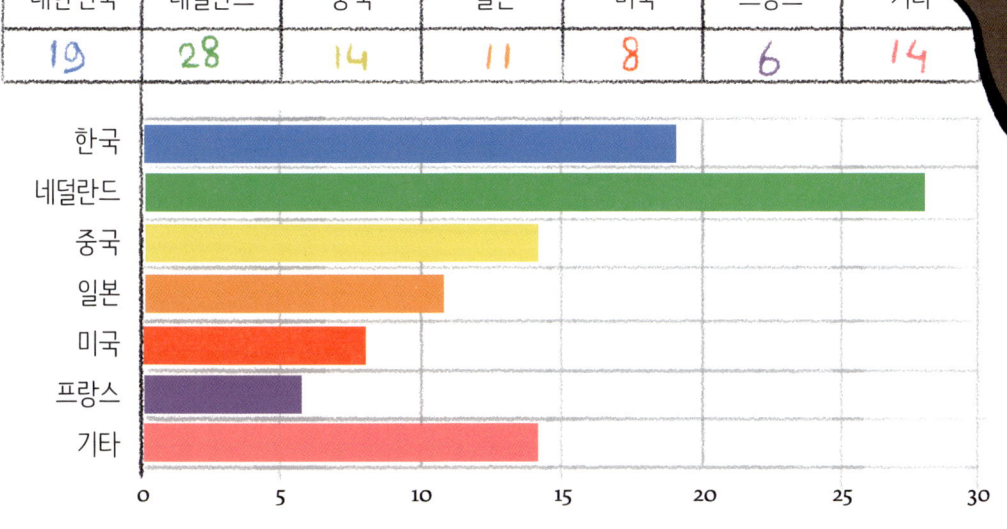

5. 돈은 아름다워

수리남에는 1달러나 2.5달러짜리 동전 말고도, 1달러와 2.5달러에 해당하는 지폐가 있어요. 이런 지폐가 유용하게 쓰이는 이유가 있을까요?

스위스의 10프랑짜리 지폐는 세상에서 가장 아름다운 지폐로 선정되었어요. 동의하나요?

티네 선생님은 이 돈이 세상에서 가장 아름다운 지폐라고 생각해요. 콩고에서 발행되었고, 오카피가 그려져 있지요. 여러분이 생각하는 세상에서 가장 아름다운 지폐를 그려 보세요.

수업이 끝난 뒤
티네 선생님이 인터넷에서 발견한 글

"이 1억 달러짜리 지폐는 한순간에 여러분이 백만장자가 된 듯한 기분을 느끼게 합니다. 그런데 이 지폐는 사실 가치가 거의 없습니다. 인터넷에서 1유로(약 1,500원)면 살 수 있지요. 한때는 짐바브웨에서 실제로 사용되었지만 이제는 더 이상 쓰이지 않아요."

동물을 먹는다는 건
테사의 이야기

추운 날이었어. 테사에겐 따뜻한 곳이 필요했어. 테사는 소파 뒤쪽에 있는 라디에이터에 등을 기대어 눕다시피 했지. 아빠는 수염이 무성한 아저씨들이 자동차를 조립하는 텔레비전 쇼를 보고 있었어. 엄마는 위층에 계셨지.

소파 뒤편은 테사의 비밀 장소야. 저녁 식사 전이었고, 보통 때 같으면 세상에서 제일 예쁜 닥스훈트 부비랑 산책을 할 시간이었어. 하지만 부비는 너무 늙고 아팠어. 가족들은 부비를 떠나보내기로 했지. 수의사 선생님이 부비에게 주사를 놓았고, 부비의 몸은 믿을 수 없을 만큼 빠르게 굳어 갔어. 그 뒤로 슬픈 하루, 한 주, 한 달이 이어졌어. 부비와 더 이상 산책할 수 없으니 테사는 자기만의 공간에 들어가 홀로 생각을 하고 있는 거야.

테사는 다른 친구들도 자기처럼 비밀 장소에서 생각에 잠기는지 알 수 없었어. 교실 친구들은 다들 착해 보였고, 또 아주 바빠 보였지. 어쨌든, 동물이 사람보다 더 나아. 테사는 그게 사실이라고 생각했어.

테사가 소중하게 생각하는 동물의 순서를 나열하면, 1) 부비, 2) 말과 망아지, 3) 돌고래, 4) 송아지, 5) 그 외의 다른 동물들이야. 테사는 뱀과 상어까지 전부 다 중요하다고 생각했어. 뱀과 상어가 다른 동물을 물어뜯는 건 못되서가 아니라 본능 때문이니까.

부비가 살아 있을 때 테사는 동물과 인간의 차이점에 대해 별로 생각해 본 적이 없었어. 부비가 언제나 테사의 곁에 있었기 때문에 생각할 겨를이 없었지. 그런데 부비가 죽은 뒤, 테사의 머릿속은 동물에 대한 생각으로 가득했어. 마치 죽은 부비가 테사와 생각을 나누는 것 같았어.

'사람들은 왜 항상 동물을 곁에 둘까?'

'왜냐하면 우리는 사랑스러우니까.'

'맞아. 동물들이 내게 꼭 안겨 있으면, 얼마나 사랑스러운지 몰라.'

'우리는 살아 있어. 우리는 걷고, 놀이를 해. 우리를 잘 보살펴 준다면 우리는 결코 도망가지 않아. 우리는 무척 충성심이 있거든. 테사, 그 괴짜 같은 수의사가 내게 다가왔을 때도 나는 여전히 네 품에 뛰어들고 싶었어.'

'눈물이 날 것 같아.'

'네 눈물을 핥아 줄게.'

저녁을 먹을 시간이 되자 엄마가 테사를 불렀어. 테사는 눈물을 훔치고 부엌으로 향했어. 아주 얇게 저민 고기가 식탁 위에 있었어.

"무슨 고기예요?"

"송아지 스테이크야. 맛있을 거야."

엄마가 말했어.

디저트를 먹고 난 후, 테사는 유튜브를 보러 위층으로 올라갔어. 테사는 주로 귀여운 동물 영상을 보았어. 물에 빠진 사람을 구한 돌고래나 작은 장난감 배가 엄마인 줄 아는 병아리들, 아직 계단을 내려오는 법을 익히지 못한 강아지들의 영상 같은 것이었지. 그런데 오늘은 검색창에 '귀여운 동물' 대신 '나쁜 동물'이라고 쳤어. 소파 뒤쪽에서 했던 생각 때문이었을까?

테사는 펭귄이 다른 펭귄을 구멍에 밀치는 웃긴 영상을 보았어. 어떤 개가 축구장에서 볼일을 보는 영상도 보았지. 그때 구독 중인 유튜버 '메이케'가 올린 영상이 떴어. 제목은 '내가 채식주의자가 되기로 결심한 이유'였어.

메이케는 그동안 우스운 실험이나 묘기 같은 영상을 올렸는데, 이번에 올라온 영상은 꽤 진지했어. 자신이 고기를 먹지 않기로 한 이유에 대해 설명했거든. 좁아터

진 동물 우리나 도살장에 관한 이야기도 했어. 영상으로 관련 장면을 보여 주지는 않고, "너무 심하다."고 말했어.

테사에게 도살장 장면은 굳이 필요하지 않았어. 테사는 이미 큰 충격을 받았거든. 땀방울이 이마에 맺히기 시작했어. 불현듯 테사는 무언가를 깨달았어.

방금 내가 먹은 건 송아지잖아!
송아지는 내가 네 번째로 좋아하는 동물인데!
페퍼로니피자 안에는 돼지가 들어 있네!
미트볼 스튜 속엔 간 소고기가 들었고!
소시지는 살해된 동물들로 만든 거야.
동물을 먹는 건 사랑을 먹어 치우는 거야.

테사는 화장실로 뛰어가서 구역질을 하고, 하얀 변기 앞에 무릎을 꿇었어. 눈에는 눈물이 가득 차올랐어. 테사는 휴지를 뜯어 입가를 닦고 물로 입안을 헹궜어. 그러고는 허공에 말을 꺼냈어.

"부비?"

하지만 테사의 곁을 떠난 부비는 말이 없었어. 테사는 스스로 중대한 결정을 내렸어. 앞으로 동물을 단 한 입도 먹지 않기로 한 거야.

아래층에서 테사를 부르는 엄마의 목소리가 들렸어.

"테사, 괜찮니? 무슨 일이니?"

"아니에요, 엄마. 전 괜찮아요."

"정말? 화장실에서 무슨 소리가 나는 것 같았는데?"

"양치하러 들어왔어요! 너무 피곤해서 그냥 자려고요."

"왜 그래? 진짜 무슨 일이니?"

엄마는 진심으로 걱정하고 있었어. 계단을 오르는 엄마의 발소리가 들렸어. 테사는 침대로 달려가 이불 속에 몸을 파묻고 생각했어.

'부비야. 이건 아주 중요한 문제니까 내일 교실에서도 아까처럼 나를 도와서 설명해 줘야 해.'

'멍멍' 하는 소리가 부드럽게 울리는 듯했어.

쓸모 있는 수학 질문 15: 테사

하루에 태어나는 송아지의 수는?

암송아지는 생후 약 **2**년이 지나면 첫 번째 새끼를 낳아요.

그리고 젖소가 되지요.

우유를 많이 생산한 젖소는 대략 **6**년 정도 산답니다.

수업이 끝난 뒤
테사의 집에서

소녀에서 여왕님으로
벤테의 이야기

벤테는 자전거를 타고 있었어. 마찬가지로 자전거를 탄 아빠와 큰오빠 롭은 벤테보다 몇 미터 앞서 있었지.

"빨리 가서 미니 골프 치자."

아빠와 오빠는 봄이 오면 미니 골프를 꼭 치고 싶다고 했어. 둘 다 클럽 순위권에 올라 있었지. 벤테는 미니 골프를 재미있어했지만, 그렇다고 엄청나게 재미있다고 생각하지는 않았어. 자전거도 좋아하지만, 엄청나게 좋아하지는 않았지.

아빠와 오빠의 자전거는 벤테의 자전거보다 훨씬 커. 둘의 목소리는 벤테의 목소리보다 훨씬 우렁차지. 그리고 이런 말은 좀 민망하지만, 둘의 엉덩이도 벤테의 엉덩이보다 훨씬 넓어. 이런 생각을 하며 벤테는 킥킥거렸어. 어쩌겠어, 지금 아빠와 오빠의 엉덩이가 벤테의 시야를 가득 채우고 있는걸.

휴, 미니 골프라니. 미밀루의 표현을 빌리자면, "확실해유우우우우?"라고 말할 일이야. '우'를 무척 많이 넣어서 말이야. 벤테는 미밀루의 유튜브 영상을 좋아했어. 〈미밀루의 멋진 하루〉에는 매일 새 영상이 올라왔고, 벤테는 빠짐없이 보았지. 미밀루가 가장 많이 올리는 주제는 '소녀에서 여왕님으로'였어.

아빠와 롭 오빠는 미밀루를 썩 좋아하지 않았어. 아빠는 이렇게 말했어.

"그까짓 유튜브 영상이 다 뭐니. 궁금한 게 있으면 스스로 해 봐야지!"

롭 오빠는 미밀루가 못생겼다고 했어. 하지만 미밀루가 오빠에게 그 말을 직접 들었다면 분명 선글라스를 내려 코끝에 살짝 걸치고는 늘 하던 말을 했을걸.

"확실해유우우우우?"

'소녀에서 여왕님으로'는 환상적이었어. 여자들이 왜 남자만큼 중요한지를 다루었

지. 여자 축구도 남자 축구만큼 훌륭한 이유, 미국 영화계에서 여배우가 남배우보다 출연료를 적게 받는 현실, 그리고 그게 얼마나 말도 안 되는 일인지······.

자칫 무거울 수도 있는 주제였지만 미밀루가 말하면 재미있었어. 그리고 모두 맞는 말이기도 했어. 미밀루는 항상 이렇게 말했어.

"소녀들, 우리가 정상을 지배한다!"

아휴, 미니 골프 시간이다. 모두들 코스에 도착했고, 아빠와 롭은 골프채를 고르는 데 한 시간이나 걸렸어.

벤테는 유튜버가 되고 싶진 않았어. 가수나 댄서가 될 생각도 없었지. 벤테가 되고 싶은 건 여왕님이었어. 미밀루가 말하는 여왕님은 좋아하는 무언가를 잘 해내는 사람이야. 항상 차분하고 똑 부러지게 목표를 이루는 사람이지. 미밀루는 말했어.

"조용하고 똑똑하게, 그게 바로 우리야."

미니 골프의 가장 좋은 점은 점수를 종이에 기록하는 거야. 가장 낮은 점수를 내는 사람이 이기는 거지. 각 코스에서 낸 점수뿐 아니라, 합산 점수를 기록하는 것도 좋았어. 누가 이기고 있는지 바로 알 수 있으니까.

코스의 막바지에 이르렀어. 이번 코스에서 아빠는 3점, 롭은 5점, 벤테는 4점을 냈어. 롭은 영 마음에 들지 않았어. 코스를 끝낼 때마다 투덜거리며 벤테에게 결과지를 넘겼지. 벤테는 예리하게 오빠의 덧셈 실수를 발견해 내고는 말했어.

"확실해유우우우우우?"

점수가 뒤처진 탓에 잔뜩 뿔이 난 롭은 벤테의 말이 탐탁지 않았어.

"그놈의 미밀루 따라하는 것 좀 그만해!"

"하지만 32가 아니라 34가 맞다고."

벤테가 맞받아쳤어. 롭은 벤테로부터 반쯤 돌아서서는 엉덩이로 벤테를 세게 밀쳤어. 벤테는 멀리 내동댕이쳐졌어.

"롭!"

아빠가 외쳤어.

"애가 자꾸 빈정대잖아요."

"롭! 동생한테 사과해라."

"쳇."

롭은 최대한 과장되게 입꼬리를 내밀며 말을 이었지.

"아주 미안하네요, 수, 학, 선, 생."

"이런, 롭! 제대로 사과하지 못하겠니!"

아빠가 다시 소리쳤어. 하지만 벤테는 차분하고 똑 부러진 말씨로 말했지.

"수학 선생? 흠. 오빠가 지난 7년 동안 한 말 중에 제일 괜찮은 말이네."

쓸모 있는 수학 질문 16: 벤테

수학으로 유명해질 수 있을까? 수학에도 여왕님들이 있을까?

암스테르담 출신의 빔 클레인은 유명한 수학 마술사였어요. 빔은 스스로를 '빌리 보르텔'이라고 칭하면서, 전 세계를 누비며 수학 묘기 공연을 선보였지요. 누군가가 자기의 생일을 말해 주면, 빔은 재빨리 계산해서 그게 무슨 요일인지 대답했어요. 예를 들어, **1912년 12월 4일**은? 당연히 수요일이었죠.

수학 공연 중에 **28 × 37 × 52**를 계산해 보라는 식의 질문을 받으면 빔은 큰 소리로 웃었어요. 문제를 듣자마자 답이 **53,872**라는 걸 알 수 있었거든요. 정답은 꽤 흥미롭죠. 문제에 나온 것과 똑같은 숫자가 완전히 다른 순서로 배열되어 있으니까요.

빔 클레인은 수백 명의 사람들이 물질의 입자를 연구하는 곳에서도 일했어요. 연구 중에 계산할 문제가 생기면 사람들은 빔을 찾았지요. 빔은 책상에 앉아 전화가 오기만을 기다렸어요. 그리고 문제를 들으면 큰 소리로 계산하며 **4**개 국어로 욕을 내뱉었어요. 계산이 어려울수록 욕은 더 거세졌죠.

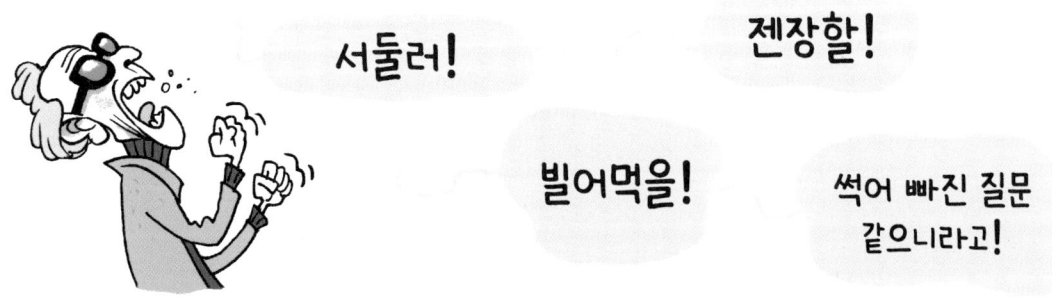

빔은 욕을 하면서도 당시에 나온 가장 빠른 컴퓨터보다 빠르게 계산했어요. 이후 좋은 컴퓨터들이 발명되자, 빔은 마술 공연을 위한 계산에만 집중했어요. 기네스북에도 여러 차례 올랐지요.

1981년에는 아래와 같은 수의 **13**제곱근을 **1**분 **30**초 만에 한자리에서 계산하기도 했어요.

8800844344048929957521901577223641785941172005261565487280650870412023307854274990144578442271602817

선생님, 그런데 13제곱근이 대체 뭐예요?

그것도 우리가 알아야 하는 거예요?

어떤 수를 열세 번 곱해서 위와 같은 수가 되었을 때, 그 어떤 수가 무엇인지를 구하는 거예요.

여러분은 아직 제곱근에 대해서는 알 필요가 없어요.

그리고 사실 여러분은 정답이 48,757,377이 맞는지를 1분 30초 안에 계산할 필요도 없지요.

세상에서는 컴퓨터 덕분에 큰돈을 번 부자들이 많아요.
마이크로소프트의 빌 게이츠나, 메타(페이스북)의 마크 저커버그, 아마존의 제프 베조스 등이 그 예지요.
이들은 엄청난 수학 계산을 통해 억만장자가 되었답니다.

수업을 이어서
명예의 전당: 다섯 명의 수학의 여왕님

소피 제르맹 (1776~1831년)

옛날에 여자는 수학을 공부할 수 없었어요. 하지만 소피 제르맹은 수학의 역사에 관한 책을 몰래 읽고 너무나도 감명을 받아서 계략을 꾸몄어요. 소피는 '오귀스트 르 블랑'이라는 사람이 대학에서 수학 공부를 포기했다는 말을 듣고, 그의 책과 과제물을 손에 넣었어요. 그리고 오귀스트의 이름으로 과제물을 제출했어요. 교수님은 과제를 훌륭하게 해낸 오귀스트 씨를 만나고 싶어 했고, 결국 소피는 자신이 여자라는 걸 고백해야 했어요. 이후 소피는 수년에 걸친 연구 끝에 중요한 증명을 해냈고, 소피의 이름을 딴 도로, 학교, 숫자가 생겨났답니다.

산수와 수학

초등학교에서는 **산수**를, 중·고등학교에서는 **수학**을 주로 배워요.

둘은 어떤 차이가 있을까요?

산수는 계산이에요.
- 올바른 답을 구하는 것이지요.
수학은 통찰력이에요.
- 올바른 답을 찾아가는 과정이지요.

수학을 하려면 산수가 필요해요.
그러니 기본적으로 산수가 구골플렉스하게 중요하답니다.

에이다 러브레이스 (1815~1852년)

에이다 러브레이스는 세계 최초로 컴퓨터 프로그램을 만들었어요. 에이다가 살던 당시의 남성 과학자들은 거대한 계산기에 대해 환상만 품고 있었던 데 반해, 에이다는 컴퓨터로 할 수 있을 다양한 일을 예측했지요. 예를 들어, 에이다는 컴퓨터로 노래를 만들고 이미지를 생산할 수 있을 거라고 생각했어요. 그림을 그리거나 음표나 글귀 등을 작성하기 위해 숫자가 사용될 수 있다는 걸 알고 있었거든요. 매년 10월 두 번째 화요일은 그녀를 기리기 위한 '에이다 러브레이스의 날'이랍니다.

플로렌스 나이팅게일 (1820~1910년)

나이팅게일은 전쟁터에서 군인을 간호한 간호사로 유명해요. 좀 덜 알려진 사실이지만, 나이팅게일은 수학을 통해 많은 생명을 구했답니다. 사망한 군인의 대부분은 전쟁 중에 입은 상처보다는 치료할 수 있는 질병 탓에 죽었어요. 전쟁터에서는 좋은 의약품이 부족했고, 병원의 위생 상태도 처참했거든요. 나이팅게일은 군인들의 사망 원인에 대한 통계표를 만들어 정부에 지원을 요청했어요. 그로 인해 수많은 목숨을 구할 수 있었지요. 어떤 역사가들은 나이팅게일 덕분에 군인들의 사망률이 42퍼센트에서 2퍼센트로 줄었다고 믿고 있어요. 나이팅게일은 1859년, 콧대 높은 영국 왕립 통계 학회 최초의 여성 회원이 되었답니다.

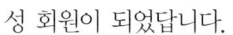

마거릿 해밀턴 (1936년~)

1969년, 인류 최초의 우주 비행사들은 아폴로 11호를 타고 달 착륙에 성공했어요. 컴퓨터 과학자 마거릿 해밀턴은 아폴로 11호에 쓰인 컴퓨터 코드를 작성하는 팀을 성공적으로 이끌었지요. 이 팀이 작성한 프로그램은 우주선이 성공적으로 달에 착륙하고, 안전하게 지구로 돌아올 수 있도록 했어요. 마거릿은 컴퓨터 코드를 만드는 일이 달로 직접 비행을 하는 것만큼이나 신나는 일이었다고 했어요. 〈나사(NASA)의 여성들〉이라는 레고 세트에는, 마거릿의 레고 모형이 천문학자 낸시 그레이스 로만, 우주 비행사 샐리 라이드, 메이 제미선의 모형과 함께 들어 있답니다.

마리암 미르자하니 (1977~2017년)

이란인 마리암 미르자하니는 작가를 꿈꾸었지만, 수학에도 뛰어났어요. 심지어 수많은 영재들이 어려운 문제를 푸는 국제 수학 올림피아드에 출전해서 금메달을 수상했지요. 이후 미르자하니는 수학으로 진로를 바꾸었고, 패턴에 관한 복잡한 문제들을 풀었어요. 2014년에는 여성 최초로 필즈상을 수상했어요. 필즈상은 수학자들에게 아주 중요한 상이에요. 미르자하니는 자신의 수상으로 소녀들이 용기를 얻어 수학의 대가가 되는 꿈을 펼치길 바랐어요. 하지만 슬프게도 암에 걸려 세상을 빨리 떠났어요. 미르자하니의 생일인 5월 12일은 국제 여성 수학인의 날로 지정되었답니다.

불가능을 꿈꾸는 마술사
파비오의 이야기

파비오는 이만하면 괜찮다고 생각했어. 국어와 지리, 프로그래밍 수업은 꽤 좋았지. 쉬는 시간에는 친한 친구들과 이야기를 나눴고, 친구들의 성화에 못 이겨 축구도 했어. 부모님과 선생님의 말도 잘 들었어. 하지만 파비오에게 세상은 약간 지루했어. 모든 것이 현실이니까. 나무와 플라스틱으로 만든 것이나 글자와 숫자로 이루어진 끔찍한 현실!

파비오는 늘 '불가능해 보이는 것'을 생각했어. 위키 백과엔 이렇게 적혀 있었어. "마술은 불가능해 보이는 것의 예술이다."

3학년 때 수업 준비를 위해 인터넷을 보다가 찾은 문구인데, 그 뒤로 파비오의 머릿속에 줄곧 남아 있었어. 파비오는 '불가능해 보이지만, 사실은 그렇지 않은 것'의 열렬한 팬이 되었어. 파비오에게 가장 가슴 떨리는 순간은 파비오의 마술을 본 사람들이 "엥?" 하는 반응을 보일 때였어. 파비오가 늘 듣고 싶어 하는 말이지. 엥?

아홉 살 때부터 파비오는 진지하게 마술 공부를 시작했어. 그러면서 자신이 관객들의 눈앞에서 마술을 보여 주는 '클로즈업 마술사'가 되고 싶어 한다는 걸 깨달았지. 파비오는 인터넷으로 배운 동전 마술을 선보이며 마술사로서의 첫발을 뗐어. 유튜브만 검색하면 누구나 알 수 있는 기술이었지만(상대방의 주의를 흩트리고, 동전을 손등에 숨기는 식이었어.), 마술을 본 사람들은 모두 이렇게 말했어.

"엥?"

파비오에게는 '상당히 불가능해 보이는' 꿈이 있었어. 바로 세계 마술 선수권 대회에서 상을 받는 거야. 그 꿈을 이룰 수 없다면, 클로즈업 마술 분야에서 일인자가 되는 것도 괜찮다고 생각했어. 그러려면 마술을 정말로, 정말로 잘해야 해. 연습을

하고 또 해야 하고, 마술 클럽에도 가입해야 하지. (파비오는 이미 가입했지만.) 지금으로선 불가능에 가까워. 그렇지만, '사실은 그렇지 않은' 꿈일지도 몰라.

그날이 올 때까지 파비오는 평범한 학생으로 살아야 해. 독서 시간에는 조용히 책을 읽고, 공작 시간에는 정성껏 만들기를 해야 하지. 파비오는 늘 열심히 했어. 그리고 이제 파비오가 수학 질문을 할 차례가 왔어.

파비오는 완전히 파비오만의 스타일을 보여 줬어. 수업에 앞서 파비오는 튀르 선생님에게 지폐를 달라고 부탁했어. 다섯 장, 열 장, 스무 장, 얼마큼이든 좋았어. 선생님은 지갑에서 지폐 열 장 정도를 꺼냈어.

"선생님, 이건 다 선생님 돈이죠? 전 아무것도 하지 않았어요, 그렇죠? 자, 그럼 액수가 크게 적힌 부분이 위로 오게 정리해서 교탁에 내려놓으세요."

선생님은 파비오의 말대로 했어.

"감사해요, 선생님. 이제 다 섞어 주실래요? …… 좋아요! 이제 선생님께만 한 가지 말씀을 드릴게요."

파비오는 선생님에게 다가가서 '5466'이라고 속삭였어. '5466' 또 '5466'. 그리고 파비오는 바로 앞에 앉아 있던 키아라에게 교탁으로 나와서 지폐를 세라고 했어.

"돈을 하나씩 교탁에 놓으면서 몇 장인지 세어 봐."

키아라는 앞으로 나와서 지폐를 집어 들었다가 교탁 위에 하나씩 내려놨어.

"하나, 둘, 셋, 넷, 다섯, 여섯, 일곱, 여덟, 아홉, 열."

"잘했어. 이제 10 아래의 아무 숫자나 말해 줄래?"

"음…… 6!"

"좋아. 그럼 돈을 다시 세어서 교탁에 놔 줄래? 이번에는 여섯 번째에서 멈춰 봐."

"오케이! 하나, 둘, 셋, 넷, 다섯, 여섯."

"멈춰! 이제 손을 그 위에 잘 두고 있어!"

"알았어!"

키아라는 손을 여섯 장의 지폐 뭉치 위에 두었어.

"이제 네 장이 남았어. 선생님, 이건 다시 돌려드릴게요. 나머지도 곧 드릴 거예요. 그럼 지금까지의 과정을 다시 돌아볼게요. 선생님이 돈을 섞으신 뒤에, 제가 선생님께 뭔가를 말씀드렸어요. 맞죠, 선생님?"

"맞아요, 파비오."

"그리고 키아라는 여섯 번째 지폐 위에 손을 올려두고 있어요. 지폐를 몇 장 남길지는 키아라가 정한 거예요. 맞지, 키아라?"

"그래 맞아!"

"좋아. 그럼 지폐의 특별한 점이 뭘까요? 지폐에는 얼마인지를 알리는 숫자만 있는 게 아니에요. 아주 길고 저마다 다른 시리얼 번호라는 게 있어요. 자, 선생님. 제가 귓속말로 말씀드린 게 뭐였죠?"

"5466이었지요."

"그럼, 키아라. 이제 손을 떼고, 제일 위쪽에 있는 지폐의 시리얼 번호 중에서 마지막 네 자리를 읽어 줄래?"

"음…… 와우! 5466!"

선생님과 키아라, 그리고 아이들이 입을 모아 외쳤지.

"엥?"

쓸모 있는 수학 질문 17: 파비오

마술을 더 잘하고 싶은데… 이것도 수학과 관련이 있을까?

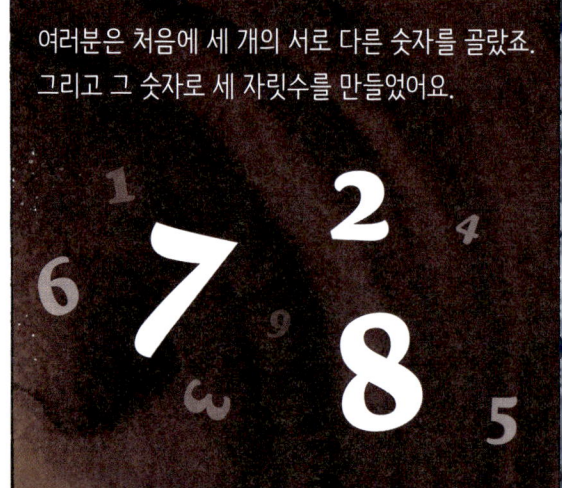

여기서 중요한 것은 첫째 자릿수와 마지막 자릿수가 최소한 **2** 이상은 차이가 나야 한다는 거예요.

만약에 **6, 8, 7**을 골랐다면, **678**이란 숫자를 만들 수 있겠지요.

자, 수학 마술사님! 계산을 도와주겠어요?

이제 처음에 만든 숫자를 뒤집어 보세요.

876

그리고 큰 수에서 작은 수를 빼는 겁니다. 아까 했던 것처럼요.

876
− 678
———

정답은 가운데 자릿수는 항상 **9**가 되고, 첫째 자릿수와 마지막 자릿수의 합도 **9**가 된답니다.

항상 그렇게 나와요.

다른 예시도 한번 볼까요?

876−678=1**9**8 (그리고 **1**+**8**=9)
782−287=4**9**5 (그리고 **4**+**5**=9)
961−169=7**9**2 (그리고 **7**+**2**=9)

이렇게 나온 숫자를 뒤집어서 뒤집기 전의 숫자와 더해 보세요.

그러면 정답은 항상 **1089**랍니다. 항상요!

1**9**8 + 8**9**1 = 1089
4**9**5 + 5**9**4 = 1089
7**9**2 + 2**9**7 = 1089

그리고 수학 교과서 108쪽의 아홉 번째 단어는 미리 찾아서 종이에 적어 놨지요.

짜잔! 마술 성공!

수업이 끝난 뒤
디지털 칠판 앞에서 튀르 선생님이

"1089는 훌륭한 숫자예요. 난 1089의 팬이죠. 이것 봐요."

"그리고 지폐의 시리얼 번호에 관한 파비오의 마술 비법을 알아냈어요. 유튜브에서 검색해 보니 영상이 나오더라고요!"

슈퍼마켓 계산대에서
아흐메드의 이야기

"아흐메드, 너 초록색 아파트에 살지?"

닐러가 물었어. 아흐메드는 일곱 가지 이유로 이상한 질문이라고 생각했어.

'첫째, 우리 아파트는 초록색이 아니야. 이름이 '그린 빌'일 뿐이야. 둘째, 여자애들이 나한테 말을 거는 일은 거의 없는데. 셋째, 왜 이 다섯 명이 갑자기? 하고 시간, 자전거 보관소 앞에 닐러, 키아라, 디데, 로스, 로메이가 모인 이유가 뭘까? 넷째, 얼마 전에 닐러의 인스타그램에 올라온 사진을 캡처했어. 닐러가 마시멜로 봉투를 들고 사랑스러운 미소를 짓고 있었지. 다섯째, 그랬는데 닐러가 내 앞에서 내가 어디에 사는지를 묻고 있네. 여섯째, 닐러다! 일곱째, 닐러야!!!'

"으응."

아흐메드가 진정하려 애쓰며 대답했어. 닐러의 눈을 똑바로 보지 않았는데도 두 뺨이 빠르게 달아올랐어. 아흐메드의 형 피라스는 아흐메드의 볼이 붉어질 때마다 "어이쿠, 이 새빨간 모로코 사람아. 얼굴이 이게 뭐야."라고 말하곤 했지.

"왜 물어보냐면, 우린 마노도 그 아파트에 사는 걸로 알고 있거든."

키아라가 말했어.

"그리고 넌 마노의 친구잖아. 그렇지?"

로스가 부드러운 목소리로 말했어. 그래, 아이들은 마노의 일로 모여든 거였어.

"아, 어, 으응."

아흐메드는 말을 더듬었어. 머릿속에서 한꺼번에 일곱 가지 생각이 떠올랐기 때문이야.

'첫째, 여자아이들이 온 건 나한테 관심이 있어서가 아니었군. 둘째, 닐러도 마

찬가지고. 셋째, 내가 마노랑 친구인가? 넷째, 마노는 모두와 잘 지내는 편이야. 내겐 로스와 로메이의 문제로 도와 달라고 부탁했지. 우리는 아파트에 있는 작은 공터에서 연설 연습을 했어. 하지만 그 뒤에 마노랑 같이 논 적은 없어. 광장의 스케이트장에서도 마주친 적이 없었지. 광장에는 피라스 형의 아이스크림 부스도 있는데. 다섯째, 마노는 나랑 같은 아파트에 살아. 하지만 정확히 어디에 사는지는 모르겠어. 여섯째, 마노는 아이스크림을 좋아해. 그런데 한 번도 피라스 형네 부스에 같이 가자고 한 적이 없어. 피라스 형은 늘 '친구는 공짜'라고 했는데. 일곱째, 닐러는 아이스크림을 좋아하나?'

"우리가 너무 걱정이 되어서 그래."

"마노는 그동안 별로 아픈 적이 없었는데, 벌써 9일째 아프다고 학교를 못 나오고 있잖아. 선생님은 마노가 감기에 걸렸다고 하셨지만, 그것도 잠깐이지. 감기가 이렇게 오래가나? 뭔가 나쁜 일이 벌어지고 있는 것 아닐까?"

"마노한테 연락을 해 보고 싶은데, 마노는 핸드폰이 없어. 그렇다고 우리가 우르르 집에 가면 좀 이상하잖아. 마노의 엄마나 아빠가 달가워하지 않으실지도 몰라."

로메이와 키아라, 그리고 디데가 연달아 걱정스러운 목소리로 말했어.

"그래서 너라면 우리를 도와줄 수 있지 않을까 하고 생각한 거야. 넌 마노랑 친구고, 초록색 아파트에 사니까."

그리고 닐러가 아흐메드에게 점점 다가오며 말했지. 아흐메드의 머릿속에는 일곱 가지 생각이 한꺼번에 떠올랐지만(1. 초록색 아파트가 아니야. 2. 마노랑 나는 친구 사이가 아니야. 3. 독감은 9일간 지속될 수도 있어. 4. 여자애들은 내가 아니라 마노를 좋아하는 거야. 5. 닐러도 마찬가지야. 6. 닐러는 너무…… 사랑스러워! 7. 얼굴 빨개지지 말자, 얼굴 빨개지지……), 입에서 나온 말은 이것뿐이었어.

"그래, 조, 좋아."

30분 후, 아흐메드는 피라스의 아이스크림 부스에 서 있었어. 열일곱 살 된 피라스라면 적절한 조언을 해 줄 수 있을 것 같았거든. 날씨가 추워서 부스는 한산했어. 아흐메드는 피라스에게 여자아이들과 있었던 일을 이야기했어. 피라스는 이야기를 가만히 듣더니 천천히 그릇을 꺼내서 아흐메드가 가장 좋아하는 쿠키 아이스크림을 담았어. 그리고 아흐메드에게 부스 옆에 놓인 덜컹대는 플라스틱 의자에 앉으라고 했지. 이어서 까만 커피 한 잔을 따른 뒤 그 옆에 같이 앉았어. 아흐메드는 기대에 찬 눈빛으로 피라스를 바라보았어. 피라스는 커피를 한 모금 마셨어. 아흐메드도 아이스크림을 한입 먹었지.

"내가 하고 싶은 말은 일곱 가지야. 첫째, 여자아이들은 네게 관심이 없어. 둘째, 여자아이들은 마노를 걱정해. 셋째, 너랑 마노는 반쯤만 친구야. 넷째, 여자아이들은 네 친구가 아니야. 다섯째, 그중에 혹시 좋아하는 아이가 있는 게 아니라면…… 그러기엔 넌 아직 어리고 수줍음이 너무 많으니까 논외로 치자."

"형……."

"어디까지 했더라? 여섯째, 여자아이들은 네가 스파이가 되길 바라는 거야. 모로코인 제임스 본드 같은 거라고! 일곱째, 네가 진짜로 원하는 게 뭐야?"

'글쎄, 내가 진짜로 원하는 게 뭐냐고? 음…… 형한테 닐러에 대한 이야기를 할

수 있을까?'

그때 손님이 왔어. 피라스는 더 이상 대화를 할 수 없었고, 아흐메드는 아쉬움을 느꼈어. 피라스와 수학 문제에 대해서도 이야기를 나누고 싶었거든.

"아, 아흐메드! 슈퍼마켓에서 빵이랑 우유 좀 사 올래? 엄마 드리게!"

주문을 받으며 피라스가 외쳤어. 아흐메드는 슈퍼마켓을 향해 걸었어. 사실 마음만 먹으면 우편함을 보고 마노가 어디 사는지 알아낼 수 있지. 초인종을 누르고 요새 어떻게 지내는지 물어보기만 하면 간단하게 해결될 일이고.

하지만 아흐메드는 진짜로 원하는 게 무엇인지 알 수 없었어. 로스와 로메이 사건으로 마노를 도와준 뒤, 아흐메드는 마노와 좀 더 친해지고 싶었어. 하지만 마노는 스벤이나 파이케와 시간을 보내거나 여자아이들과 어울렸어. 마노가 아흐메드를 집에 초대하고 싶었다면, 벌써 그렇게 했을 거야. 아흐메드는 스파이 노릇을 하고 싶지 않아졌어. 그런데 만약 닐러가 또 한번 가까이 다가온다면? 그 미소를 다시 보여 준다면?

아흐메드는 계산대 근처로 갔어. 줄이 무척 길었어.

'나는 왜 늘 잘못된 줄을 고를까? 계산을 빨리 할 수 있는 줄을 고르는 뾰족한 방법은 없을까? 어? 이거 혹시 수학 질문 아니야?'

바로 그때, 마노가 나타났어. 마노는 두 동생과 킥킥거리며 슈퍼마켓 안으로 들어오고 있었어. 아흐메드의 머릿속에 순식간에 일곱 가지 생각이 떠올랐어.

'첫째, 마노는 전혀 감기에 걸린 기색이 아니야. 둘째, 홍역도, 볼거리도, 흑사병도 아니야. 셋째, 이렇게 행복해 보이는 마노가 학교에는 왜 오지 않았을까? 넷째, 도대체 무슨 일이 벌어지고 있는 거지? 다섯째, 여자아이들한테 이걸 말할 수는 없어! 여섯째, 하지만 닐러에게라면? 일곱째, 모로코인 제임스 본드!'

쓸모 있는 수학 질문 18: 아흐메드

슈퍼마켓에 가면 왜 항상 가장 오래 기다리는 줄에 설까? 계산을 빨리 할 수 있는 줄을 고르는 방법이 있을까?

첫 번째 문제부터 시작해 볼게요.

슈퍼마켓 계산대에 두 줄이 있다고 생각해 봅시다.
한 줄은 계산하기까지 항상 **2**분이 걸리고, 다른 줄은 **5**분이 걸린다고 가정해 봐요.

눈으로 봐서는 어떤 줄이 빠른지 알 수 없어요. 추측만 할 수 있겠죠.

그래서 확률에 따라 한 번은 계산이 빠른 줄, 다른 한 번은 느린 줄을 고르게 될 거예요.

결론: 느린 줄을 고르는 횟수만큼 빠른 줄을 고르게 된답니다!

하지만 이건 제 질문의 답이 아니잖아요!

흠….

잠깐, 이제는 수학적으로 생각해 볼게요.

아흐메드, 네가 만약 빠른 줄을 **10**번 고르면, 다 합쳐서 몇 분을 기다려야 할까요?

맞아요. 그럼 만약 느린 줄을 **10**번 고르면, 몇 분을 기다려야 할까요?

정확해요. 느린 줄에서는 훨씬 더 오래 서 있어야 하지요.

줄이 둘이라면, 확률적으로는 느린 줄에 서는 횟수와
빠른 줄에 서는 횟수가 같아요.

그런데 느린 줄에 서면 기다리는 시간이 끝없이 길게 느껴지죠.
그만큼 짜증을 오래 느끼고요. 그래서 늘 느린 줄에 섰던 것 같은 기분이 드는 거예요.
사실은 그렇지 않을 수도 있는데 말이에요.

 그저 짜증 나는 시간이 길게 느껴지는 것뿐이랍니다!

아무리 줄이 짧아도 카트마다 물건이 꽉 차 있고, 지갑을 찾느라 허둥대는 사람이 있다면 계산을 오래 기다려야 해요. 반면에 줄이 무척 길어도 사람들의 바구니에 물건이 몇 개 없고, 모두 미리 카드를 꺼내 들고 있다면 계산을 빨리 할 수 있죠.

줄을 좀 더 영리하게 세우는 가게에 가는 방법이 있어요.

예를 들어, 계산대가 두 개 있고 한 줄 서기를 하는 가게가 있다고 합시다. 이런 가게에 가면, 계산대마다 줄을 세우는 가게에서보다 더 빨리 계산을 할 수 있어요.

앞 사람이 계산대에서 시간을 많이 쓴다면, 다음 사람은 다른 계산대에서 계산하면 되니까요.

계산대마다 줄이 길게 선 곳에서는 선택의 여지가 없어요. 일단 줄을 서면 기다려야 하고, 줄을 바꾸기도 어렵지요.

그러니 계산을 위해 너무 오랫동안 기다리고 싶지 않다면, 계산대가 많고, 한 줄 서기를 하는 가게에 가면 된답니다.

수업이 끝난 뒤
체육관에서 아이들을 줄 세우며 티네 선생님이

"줄 서기는 19세기 중반에 처음 생겨났어요. 그 이전엔 사람들이 줄을 서서 차례를 기다리는 일이 없었지요. 특히 공장이 들어서고, 사람들이 같은 시간에 같은 일을 하는 경우가 많아지면서 줄 서기는 아주 중요해졌어요. '줄 서기'라는 단어는 1837년에 출간된 프랑스에 관한 책에 처음으로 등장해요. 작가는 빵집 앞에 길게 선 사람들에 대해 이렇게 말했지요. '프랑스에서만 보이는 희한한 관습이다. 보통 사람들은 절대 이런 짓을 하지 않는다.'"

레몬 아이스크림을 좋아해
닐러의 이야기

목요일

"마노는 감기에 걸린 게 아닐지도 몰라. 뭔가 더 안 좋은 일이 생긴 건 아닐까? 학교에 영영 안 돌아오면 어쩌지?"

로스, 로메이, 키아라, 디데는 하루 종일 마노에 대해 이야기했어. 닐러도 친구들의 이야기에 끼어들었지. 닐러는 마노를 좋아하는 건 아니었어. (나머지 아이들은 다 그랬지만.) 하지만 마노가 없는 교실은 너무 심심했어. 그래서 친구들과 닐러는 반에서 유일하게 마노와 같은 아파트에 사는 아흐메드와 이야기해 보기로 했어. 아흐메드라면 마노에 대해 뭔가 알아볼 수 있지 않을까?

"닐러, 아흐메드한테 네가 물어볼래? 아흐메드는 네 말이라면 들을 거야."

자전거 보관소에 있는 아흐메드를 만나러 가던 길에, 키아라가 닐러에게 말했어.

"응? 왜 그렇게 생각……."

닐러는 눈썹을 올리며 말했어. 하지만 말을 마치기도 전에 보관소에 도착했지.

금요일

"마노 집에 가 봤어? 어땠어? 무슨 일이었어?"

어제 자전거 보관소에서 아흐메드는 마노에게 무슨 일이 있는지 알아보겠다고 약속했어. 하지만 오늘 키아라가 물었을 때, 아흐메드는 수줍게 웅얼거렸어.

"아무 일도 없었어."

"뭐가 아무 일도 없었어?"

"벨을 눌렀는데 아무도 안 나오더라고."

"아 그래? 그러면 다시 한 번 가 봤어?"

아흐메드는 고개를 저었어. 얼굴이 빨개지려는 것 같았어.

"그럼 오늘 오후에 한 번 더 가 봐! 알았지?"

디데가 말하며 키아라를 보았어.

"그럼, 그럼. 계속 시도해 봐."

키아라가 말했어. 아흐메드는 대답이 없었어. 닐러는 갑자기 아흐메드가 안쓰러워졌어. 그래서 부드럽게 아흐메드에게 말했어.

"할 수 있겠어?"

"으, 으응."

아흐메드는 얼굴이 붉어진 채 대답했어.

'아흐메드가 좀 이상하네. 마노 때문일까? 수학 시간에 있을 발표 때문인가?'

닐러는 쉬는 시간에도, 미술 시간에도 아흐메드에 대해 계속 생각했어. 그런데 수업을 마치는 종이 울리기 직전, 쪽지 하나가 닐러의 책상에 떨어졌어. 아흐메드의 이름과 전화번호, 그리고 '긴급'이라는 단어가 쓰여 있었어.

토요일

닐러는 전화번호를 저장하고, 아흐메드에게 문자를 보냈어. 그리고 답장을 받자마자 통화 버튼을 눌렀어. (닐러는 전화하는 걸 썩 좋아하진 않아.) 아흐메드의 목소리는 좀 멀게 들렸어. 닐러는 아흐메드에게 마노에 대한 이야기를 들었어. 슈퍼마켓에서 마노를 본 것, 뭔가 좀 이상했다는 것, 그리고······.

"일단 마노는 괜찮다는 거네."

"응, 그런데 만약 마노가 월요일에도 학교에 오지 않는다면 어떡하지?"

"음, 어떻게 할지는 월요일에 생각하자."

아흐메드
접속 중

안녕, 나 닐러야. 긴급하다는 말이 무슨 뜻이야?

안녕, 마노에 관한 거야. 할 말이 있는데, 다른 아이들한텐 못 하겠어.

어제

"으응…… 알겠어."

"응. 그럼 안녕."

"아, 잠깐만! 그런데…… 너는 어떤 아이스크림 좋아해?"

일요일

어떤 아이스크림을 좋아하냐고? 이상한 질문이었어. 더 이상한 건, 닐러는 모르겠다고 말하고는 일요일 내내 그 질문을 생각했단 거야. 닐러는 마노에 대해서도 생각했어. 마노 이야기만 나오면 친구들이 왜 그리 흥분하는지……. 어쨌든 마노는 이제 괜찮다니 닐러는 안심했어. 그리고 늦은 오후, 아흐메드에게 문자를 보냈지.

"레몬 아이스크림을 좋아해."

월요일

마노의 자리는 여전히 비어 있었어. 마노가 아직도 아프다는 걸까. 여자아이들은 더욱 걱정했어.

"마노가 열흘이나 아파서 학교를 못 오다니? 입원이라도 했나?"

선생님은 마노가 입원하지도 않았고, 심각한 일이 벌어진 것도 아니라고 했어. 하지만 분위기는 쉽게 가라앉지 않았어. 아이들은 아흐메드 곁에 모여들었어.

"마노의 상태를 직접 확인해 줘! 우리도 같이 갈까? 아흐메드! 아흐메드!"

아흐메드가 움찔거리는 것을 본 닐러는 뭔가를 해야겠다고 생각했어. 아흐메드는 지나치게 관심받는 걸 견디지 못하니까. 게다가 금요일에 마노가 슈퍼마켓을 돌아다녔다는 사실을 아는 사람은 아흐메드와 닐러뿐이었어. 닐러가 입을 열었어.

"이러면 어때? 오늘 저녁에 각자 마노를 위한 카드를 만들자. 내일 마노가 학교에 오면, 환영한다는 뜻으로 카드를 주고, 내일도 안 오면 아흐메드가 마노에게 전

해 주는 거야. 어때?"

"좋아. 그런데 만약 마노에게 가야 하면, 한 명은 나랑 같이 가면 좋겠어."

아흐메드가 말했어. 닐러는 놀라서 아흐메드를 보았어. 아흐메드가 그렇게 과감한 말을 하리라고는 생각하지 못했거든.

"닐러, 그러면 네가 나랑 같이 갈래?"

아흐메드가 묻자, 닐러가 대답했어.

"음…… 그래, 좋아."

화요일 오후

거의 모든 반 친구들이 카드를 만들어 왔어. 하지만 마노는 오늘도 학교에 오지 않았어. 아흐메드와 닐러는 마노를 찾아가기로 했지. 수업을 마치는 종이 울리고, 닐러는 아흐메드를 힐끔 보았어. 아흐메드는 뒤를 살짝 돌아봤다가 항상 하던 대로 남자아이들과 나갔어. 그때 키아라가 닐러의 귀에 대고 말했어.

"닐러, 여기 카드 다 모았어. 오늘 마노를 만나고 오는 것 맞지?"

"응? 그럴 거야."

"그리고, 음…… 있지…… 너 말이야…… 걔 좋아해?"

"응? 누구?"

"누구? 당연히 마노 말하는 거지!"

"아…… 아니, 절대 아니야."

"그럼 괜찮네. 마노를 좋아하는 애들이 너무 많거든."

"너도 좋아해?"

키아라는 카드가 든 비닐 봉투를 내밀며 미소 지었어.

"얼른 가. 아흐메드가 기다리고 있어."

화요일 조금 늦은 오후

닐러와 아흐메드는 나란히 자전거를 탔어. 누구도 수줍음을 느끼지 않아서 좋았어. 둘은 자전거를 아파트 지하실에 세운 뒤, 승강기를 타고 11층을 눌렀어.

"카드는 잘 챙겼어?"

아흐메드가 묻자, 닐러가 자신의 가방을 가리키며 말했어.

"그럼, 이 안에 있지."

11층에 도착한 둘은 17이 쓰여 있는 현관문 쪽으로 걸어갔어.

"네 집도 이렇게 생겼어?"

닐러가 물었어.

"응, 우리 집은 3층이야."

"그렇구나."

"다 왔다!"

"벌써 다 왔네."

일이 너무 쉽게 풀리자 닐러는 문득 놀라웠어. 망설이지도 않고 이렇게 모험을 척척 해내다니! 그런데 아흐메드가 꽤 재미있는 아이라는 건 왜 이제야 알았지? 바로 그때, 아흐메드가 초인종을 눌렀고, 현관문이 미끄러지듯 열렸어. 작은 여자아이가 문간에 서 있었어.

"안녕, 마노는 집에 있니?"

닐러가 물었어. 아이는 엄지손가락을 입에 물고 문틀에 기댔어.

"음…… 네 오빠 마노는 어디 있어? 마노를 만나러 왔는데."

아흐메드의 질문에도 여자아이는 여전히 아무 말이 없었어. 그때 다른 여자아이가 문간에 모습을 드러냈어. 먼저 나온 아이보다 키가 살짝 더 큰 것 같기도 하고, 아닌 것 같기도 했어. 닐러가 그 아이에게 말을 건넸어.

"안녕, 네 오빠를 만나러 왔어. 우린 학교 친구들이야!"

아이는 말없이 가만히 복도를 바라보다가 갑자기 달려 나갔어. 먼저 나온 아이도 따라서 뛰어나갔어. 1분이나 흘렀을까. 닐러가 아흐메드에게 그냥 문을 닫자고 말하려는데 갑자기 마노의 목소리가 들렸어.

"뭐야? 누구야?"

잠시 후, 마노가 현관문을 향해 돌진하듯 나왔어.

"아흐메드? 닐러? 너희들 왜 왔어?"

"음…… 네가 아프다고 하니까."

카드가 든 비닐 봉투를 보여 주며 닐러가 대답했어.

"맞아, 네가 아프다고 해서 왔어."

아흐메드의 말에 마노는 카드가 든 봉투를 봤지만, 받아들지는 않았어.

"반 친구들이 쓴 카드야. 네가 없으니까 교실 분위기가 완전히 바뀌었지 뭐야."

닐러가 너스레를 떨었어.

"그러니, 어, 음…… 빨리 낫길 바라."

아흐메드가 말했어. 그런데, 어라? 아흐메드가 갑자기 말을 더듬네?

"아, 그래."

마노는 대답하며 봉투를 받았지만 열지는 않았어. 닐러가 보기에 마노는 전혀 독감에 걸린 것 같지 않았어. 그런데 좀 짜증이 났나? 화가 난 건가?

"아무튼 고마워."

마노가 짧게 말을 내뱉고는 '쾅!' 소리가 날 정도로 문을 세게 닫았어.

화요일, 15분 뒤

닐러와 아흐메드는 아파트 밖에 있는 분수대 근처에 앉았어. 둘은 이 상황을 받아들이기가 어려웠어. 마노가 평소와 너무 달랐어. 문을 '쾅' 하고 닫다니! 아픈 건 맞는 걸까? 가만히 생각하던 닐러가 넌지시 입을 열었어.

"마노는 혼자 있고 싶은가 봐."

"응, 그럴지도 모르지."

"우리가 낄 문제는 아닌 것 같아."

"응, 그런 것 같아."

"친구들한테는 그냥 마노가 아직도 아프고, 카드를 받아서 기뻐했다고 말하자."

"음……."

닐러는 아흐메드가 "응, 그러자."라고 말하려 한다는 걸 알았어. 그리고 그게 아흐메드의 진심이 아니라는 것도 알았지.

"내가 보기엔 네가 너무 깊이 생각하고 있는 것 같아."

닐러의 말에 아흐메드는 웃음을 터뜨렸어. 그때, 갑자기 아파트 출입문이 벌컥 열렸어. 쇼핑용 가방을 든 마노였어. 마노는 슈퍼마켓을 향해 걸음을 옮겼어. 그 순간, 닐러와 아흐메드가 마노의 눈에 들어왔어. 마노는 친구들이 아직 가지 않았으리라고는 생각하지 못한 눈치였어. 아이들을 보고는 발걸음을 재촉하다가 마구 달음박질쳤지. 아흐메드는 벌떡 일어나서 마노를 따라 달렸어.

"아흐메드!"

닐러가 외쳤어.

"마노!"

아흐메드도 소리쳤지. 닐러는 아흐메드를 따라 같이 달리기 시작했어. 그리고 모퉁이를 돌면서 생각했어. 지금 뭐 하고 있는 거야? 그때, 열댓 살은 훌쩍 넘긴 듯

한 소년이 나타났어. 그 소년은 마노 앞을 가로막고 두 팔을 펼쳤어. 마노는 피하려 했지만 붙잡히고 말았지. 마노를 잡은 손에 힘을 주며 소년이 말했어.

"워워, 진정해."

그 순간, 일곱 가지 일이 동시에 벌어졌어. 첫째, 소년은 양팔로 마노를 감싸서 빠져나가지 못하게 했어. 둘째, 아흐메드가 "피라스 형! 마노를 놔줘! 아무 일도 아니야!" 하고 소리쳤지. 셋째, 닐러도 거의 다 왔어. 넷째, 피라스가 "그러면 왜 얘를 쫓는 거야?" 하고 묻더니 닐러에게 "와, 예쁘다. 넌 누구야?"라고 말했지. 다섯째, 마노가 "난 그냥 슈퍼마켓에 갈 거야!" 하고 소리를 질렀어. 여섯째, 닐러는 이제야 소년이 아흐메드의 큰형인 걸 알아채고는 "난 닐러예요."라고 대답했어. 일곱째, 피라스는 마노의 팔뚝을 잡고 물었어.

"미안해, 마노. 무슨 일인지는 모르겠고, 하나만 물어보자. 너 공짜 아이스크림 좋아해?"

화요일, 10분이 더 지난 후

마노는 아이스크림 여러 가지를 섞어 먹는 걸 좋아해. 그래서 피라스는 온갖 아이스크림이 담긴 그릇을 마노에게 주었지. 아이들은 플라스틱 의자에 앉았어. 닐러는 레몬 아이스크림, 아흐메드는 쿠키 아이스크림을 먹었고, 피라스는 아무것도 먹지 않았어.

"마노, 내 동생이 널 뒤쫓는 걸 본 이상 널 붙잡을 수밖에 없었어. 내가 아는 한 아흐메드가 그렇게 달리는 일은 없거든. 그러니 뭔가 이유가 있겠구나 싶었어."

"아, 네……. 근데 너희는 나를 왜 쫓아온 거야?"

"야! 네가 먼저 달리기 시작했잖아. 우리 코앞에서 문도 쾅 닫고! 친구들이 죄다 널 보고 싶다고 쓴 카드를 모아서 가져왔는데!"

"하하하, 이 아가씨 말 참 무섭게 하네!"

닐러가 소리치자 피라스가 웃으며 말했어.

"형, 닐러는 아가씨가 아니야."

"오, 그럼 뭐야? 네 여자 친구니?"

아흐메드의 뺨이 100분의 1박자로 불타올랐어. 아흐메드는 주먹을 들어 피라스를 마구 쳤지. 그때, 마노가 그릇을 내려놓고 일어섰어.

"저, 이제 그만 가 볼게요. 고마웠습니다."

하지만 피라스는 마노를 다시 의자로 끌어 앉혔어.

"그건 안 되지. 네 친구들은 네가 아프다는 게 거짓말이든 아니든 괜찮은 것 같지만, 나 피라스마저 진실을 알고 싶지 않은 건 아니거든. 너, 진짜 감기에 걸린 것 맞아? 네가 동생들이랑 킥킥거리는 동안, 네 친구들은 진심으로 널 걱정하며 카드를 만들었단 걸 생각하면 좀 슬프지 않니?"

"제가 킥킥거렸다고요?"

"지난주에 슈퍼마켓에서 널 봤어. 선생님께선 네가 심한 감기에 걸렸다고 하셨는데, 너는 아주 건강해 보였어."

"너 감기에 걸린 것 맞아?"

닐러가 물었어. 닐러는 진실을 알고 싶었어.

"아니…… 너희가 대체 무슨 상관이야?"

마노가 날카롭게 말했어. 그 말에 피라스가 소리를 질렀어.

"야, 이 나쁜 놈아! 그게 친구들에게 할 소리니? 난 네가 꽤 유쾌한 아이라고 들었는데? 교실 분위기를 밝고 재미있게 만들고, 모든 사람들의 사랑을 받는 아이라고 내 동생이 늘 감탄하며 네 이야기를 했다고! 그런데 지금 반 전체가 널 걱정하고 있는데, 이 간단한 질문에 대답 하나를 못 해? 너 아파, 안 아파?"

마노가 동그래진 눈으로 피라스를 보았어. 그러다 갑자기 어깨를 축 늘어뜨리고는 말했어.

"좋아요. 말할게요. 아니에요."

"뭐가 아니야?"

피라스가 물었어.

"안 아파요. 안 아팠다고요."

닐러는 무슨 생각을 해야 할지 알 수 없었어. 그럼 그냥 무단결석이었던 건가?

"이제 가도 되죠?"

마노는 피라스를 보며 물었어. 이 순간만큼은 피라스가 마노의 큰형 같았어.

"그럼 가도 되지. 하지만 이건 너의 기회야."

피라스가 말했어. 무슨 기회? 닐러는 이해가 안 됐어.

"이건 네 기회야. 내 동생과 닐러와 친해질 수 있는 기회. 그리고 너랑 네 동생들이 원할 때마다 공짜 아이스크림을 먹을 수 있는 기회라고."

그때 마노가 머리를 아래로 떨구고 낮은 목소리로 말하기 시작했어.

"그게…… 큰일은 아니에요. 아팠던 건 제가 아니라 엄마예요. 엄마는 가끔씩 아무것도 못 하고 침대에 누워 계셔야만 해요. 그런데 동생들은 네 살도 안 됐어요. 아직 학교도 못 가고, 어린이집은 자리가 없고……. 아빠는 모로코로 가셨어요. 우리도 데려가겠다고 2년 동안 말만 하셨어요. 보통은 이모가 우리를 도와주시는데, 얼마 전에 외국에 가셨어요. 곧 다시 돌아오실 거라 이모께 드릴 케이크를 사러 나온 거예요. 내일이면 다시 학교에 갈 거예요. 아이스크림은 잘 먹었습니다."

말을 마친 마노는 자리에서 일어나 걸어갔어. 닐러는 다리가 무겁게 느껴져서 꼼짝할 수 없었어. 닐러 옆에 앉은 아흐메드도 몸을 움직일 수 없었지. 그러다 닐러와 아흐메드는 동시에 벌떡 일어나 마노를 쫓기 시작했어. 둘은 빠르게 마노를 따라잡았어. 이번에는 닐러가 약간 더 빨랐지.

"마노, 우리 반 아이들이 모두 카드를 썼잖아. 그런데 나랑 아흐메드는 깜빡 잊고 못 썼어. 그 대신 다른 걸 줄게."

닐러는 코트 주머니에서 구겨진 종잇조각을 꺼내 마노에게 주었어. 마노는 종이를 펴서 내용을 읽었어. 종이에는 아흐메드의 이름과 전화번호가 적혀 있었어. 지난 금요일에 아흐메드가 닐러에게 전한 바로 그 쪽지였어.

"수업 끝나고 아흐메드한테 전화해. 아흐메드는 어린 여자애들을 잘 돌볼 수 있을 거야. 그렇지, 아흐메드? 원하면 내 번호도 줄게. 나도 언제든 도울 수 있어."

아흐메드는 웃으며 고개를 끄덕였어. 마노는 종이에 적힌 번호를 잠시 바라보았어. 그러고는 조심스럽게 미소를 지으며 쪽지를 주머니에 넣고 말했어.

"내일 보자."

"그래, 내일 봐."

"조심히 들어가."

아흐메드와 닐러는 마노에게 인사한 뒤, 뒤돌아 가는 마노의 모습을 지켜봤어. 살짝 굽은 등, 터벅터벅 걷는 발, 주머니에 찔러 넣은 손……. 학교에서 보던 것과는 다른 모습이 있었어. 더 나이가 들어 보이고, 약간은 슬퍼 보이는 모습이…….

수요일

마노가 학교에 돌아왔어! 늘 그렇듯 쉬는 시간엔 여자아이들이 마노의 주변을 둘러쌌어. 남자아이들은 손바닥을 마주쳤지. 마노는 시끌벅적한 하루를 보냈지만, 아흐메드와 닐러에게는 아무 말도 하지 않았어. 자신의 집안 사정을 비밀로 남겨 두고 싶어 하는 게 분명했어.

"그때 마노를 쫓아가서 잡지 말았어야 했나 봐."

"그럴지도 몰라. 하지만 뭐 어쩔 수 없지."

아흐메드가 나지막이 말하자 닐러가 대답했어. 둘은 마노를 이해했어. 그런데 수업이 끝나고, 모두들 집에 갈 채비를 하고 있을 때, 둘에게 마노가 달려와서는 웃으며 말했어.

"얘들아. 깜빡하고 말 안 한 게 있어. 내 동생들은 스머프 아이스크림을 좋아해."

목요일

긴 침묵에 아흐메드의 얼굴은 머리끝까지 빨개져서 거의 터질 지경이 되었어. 숨이 막혀 견딜 수가 없었지만 아흐메드는 어떻게든 물어보았고, 닐러의 대답은 "좋아."였어.

금요일

안 돼! 닐러가 수학 문제를 낼 차례야. 닐러는 최근에 벌어진 일 때문에 수학 수업을 완전히 잊고 있었어. 오, 뭘 해야 하지? 닐러는 사랑에 빠져 있어서 다른 걸 생각할 겨를이 없었어. 아흐메드에게 질문거리가 없는지 물었지만, 아흐메드도 사랑에 빠져 있었고, 역시나 다른 걸 생각할 틈이 없었지. 그래서 아흐메드는 마노에게 물었어. 다행히 마노에겐 생각해 놓은 게 있었지!

쓸모 있는 수학 질문 19: 닐러

아이스크림은 언제 어디서나 똑같이 차가울까?

내가 닐러를 위해 검색을 해 보았어요.

보통 아이스크림의 온도는 영하 12도인데 미국의 아이스크림은 11도예요.

거짓말 같죠?

이상한데요?

그러면 녹지 않나요?

온도

우리는 온도를 '섭씨' 몇 도인지로 측정해요.

0도는 어는점이에요. **0**도에서는 물이 얼어요.
100도는 끓는점이에요. **100**도에서는 물이 끓지요.

7도는, **7**°C(도씨)라고도 적어요.
°C는 섭씨를 의미해요.

온도가 **0**°C보다 낮을 땐 영하 **4**도 또는 **−4**°C라고 표기한답니다.

선생님, 플로리다로 놀러 갔을 때를 떠올리면요….

미국에서는 온도의 단위가 좀 다른 것 같았어요.

미국 사람들은 '오늘은 90도'라는 식으로 말하더라고요.

맞아요. 미국에서는 온도를 잴 때 '화씨(℉)'를 쓴답니다.

우리가 쓰는 '섭씨(℃)'와 아주 다르지요.

섭씨 온도는 미국식인 화씨 온도로 바꿔서 쓸 수 있어요.

섭씨를 화씨로 바꾸고 싶으면 아래처럼 하면 되지요.

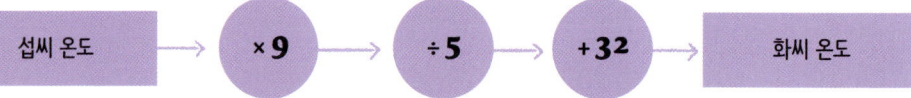

섭씨 0도는 화씨로 몇 도나 될까요?

0 ℃ × 9 = 0
0 ÷ 5 = 0
0 + 32 = 32 ℉

화씨로는 32도가 어는점이에요.

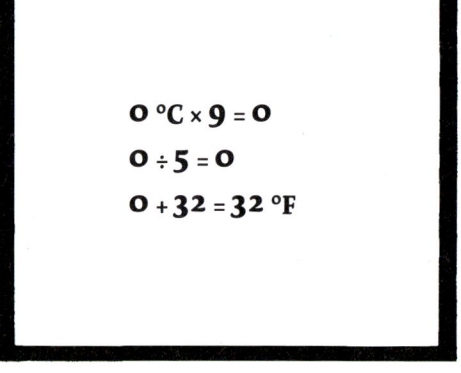

그러면 섭씨 100도는 화씨로 몇 도일까요?

100 ℃ × 9 = 900
900 ÷ 5 = 180
180 + 32 = 212 ℉

정말 재미있어요, 선생님!

그럼 화씨 11도인 미국 아이스크림이 정말로 녹지 않을지도 알 수 있을까요?

이전의 과정을 완전히 반대로 하면 되지요.

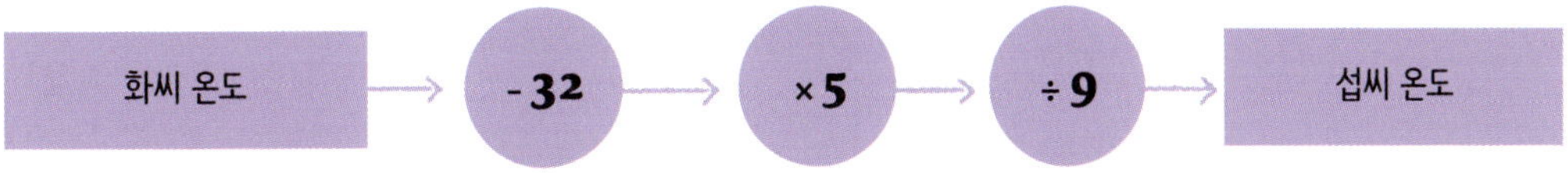

화씨 온도 → -32 → ×5 → ÷9 → 섭씨 온도

어디 보자…
11 - 32는…
그러면 0보다 작은 수가 되는구나.
-21
거기에 5를 곱하면…
-105가 되고, 그걸 9로 나누면… 음…
음….

$11°F - 32 = -21$
$-21 \times 5 = -105$
$-105 \div 9 = ...$

정확하게 쓰면, 섭씨 $-11\frac{2}{3}$ 도가 되지요.

미국 사람들은 다른 식으로 표기하지만, 알고 보면….

아이스크림이 차가운 건 거의 비슷하네요.

수업이 끝난 뒤
피라스가 닐러와 아흐메드에게

"모든 아이스크림이 똑같이 차가운 건 아니야! 미국 아이스크림은 이탈리아 아이스크림보다 7도 정도 더 차가워. 미국 아이스크림에는 지방과 공기가 많아서 맛이 더 부드럽지. 영하 12도 정도에서 먹으면 딱 좋아. 그보다 온도가 낮으면 너무 딱딱해지고, 온도가 높으면 먹기도 전에 다 녹아 버릴 테니까. 정통 이탈리아 아이스크림인 젤라또는 지방과 공기가 적게 들어 있어. 그래서 단단하고 천천히 녹지. 영하 5도 정도면 세상에서 가장 부드러운 젤라또가 된다고!"

스위스로 가는 비행기
팀의 이야기

비행기가 막 이륙하는 순간, 객실이 위로 기울고 승객들의 등이 좌석에 바짝 달라붙는 그 순간을 팀은 가장 좋아했어. 잠깐이나마 비행기가 지구 밖을 벗어나 머나먼 행성을 향하는 상상을 할 수 있으니까. 잠시 뒤, 비행기는 균형을 되찾아 똑바로 날기 시작했고, 팀과 엄마 이네는 늘 하던 대로 이어폰을 한 쪽씩 끼고 노래를 들었어. 재생 목록의 노래가 다 끝날 무렵, 비행기는 바젤에 다다랐지.

바젤은 스위스에 있는 도시야. 팀의 또 다른 엄마 카티아는 그곳에서 박물관 일을 했어. 딱 일 년만 일하고 다시 돌아올 예정이었지. 그건 다행이지만, 카티아 엄마가 없는 집은 텅 빈 느낌이었어. 그래서 한 달에 한 번, 팀과 이네 엄마가 비행기를 타고 카티아 엄마에게 갔어.

금요일 오후, 학교를 마치자마자 팀과 이네 엄마는 세 번째 스위스 여행을 떠났어. 비행기가 구름을 향해 올라갔다가 정상 궤도에 들어갔어. 이네 엄마는 늘 하던 대로 이어폰을 꺼내 팀에게 건넸어.

"아, 지금은 안 들을 거예요. 저 숙제해야 해요."

"그래? 숙제는 주말에 해도 되지 않니? 일요일에 하면 딱 좋을 것 같은데?"

"전 지금 하고 싶어요."

"그래, 그렇다면 그러렴."

사실 숙제는 없었어. 팀은 공책을 꺼내 지난주부터 쓴 글을 이어 쓰기 시작했어. 팀은 책을 만들려 하고 있었어. 제목은 《모든 것이 좋아질 거야, 너도 알 듯이》였어. 책 쓰기는 팀이 생각할 수 있는 유일한 방법이었어.

지난 3주 동안 학교에서 아이들은 지구에 관한 이야기를 나누었어. 기후 변화,

죽어 가는 벌과 북극곰, 녹아내리는 빙하와 바다에 둥둥 뜬 플라스틱 쓰레기, 상승하는 해수면……. 팀은 지구의 미래가 점점 어두워진다는 걸 알고부터는 도저히 가만히 있을 수 없었어.

어느 날 밤, 팀은 이 모든 문제(자꾸 일어나는 산불, 사라지는 정글, 15년 내에 사라질지도 모르는 개구리와 흰코뿔소…….)에 겁이 질려 잠에서 깨어났고, 바로 바젤에 있는 카티아 엄마에게 전화를 걸었어. 팀의 전화를 받은 카티아 엄마는 이렇게 조언했어.

"텔레비전이나 신문에서 해결책까지 좀 더 면밀히 살펴보고 알려 주면 좋았겠구나. 팀, 무슨 일이든 해결책은 있단다. 지구는 변하고 있지만, 어떤 사람들은 더 나은 지구를 위한 계획을 세우고 있어. 한번 찾아보렴. 그러면 그렇게 슬프지만은 않을 거야."

처음에 팀은 무엇을 어떻게 시작해야 할지 몰랐어. 그러다 바다 쓰레기 해결 방안을 제시한 청년 보얀에 관한 글을 읽고 유튜브 영상을 찾아보았어. 팀은 '세상을 위한 좋은 생각들'이라는 목록을 만들고 첫 번째로 보얀을 넣었지. 그 목록은 점점 살이 붙어서 꽤 두꺼운 원고가 되었어. 글을 쓰면서 팀의 기분은 점점 나아졌어. 가장 좋았을 때는 '못난이 채소'와 관련된 부분을 썼을 때야. 팀은 기사를 통해 상품 가치가 없는 과일이나 채소를 모으는 회사를 알게 됐어. 못난이 채소는 맛은 일반 채소와 다를 바 없지만, 못생겼다는 이유로 마트에서 거부당했어. '크롬코머'라는 회사에서는 그런 채소를 모아서 수프를 만들었어. 팀은 이 내용을 원고에 담으면서 우스꽝스러운 못난이 채소를 140개나 그려 넣었어.

오늘은 스물두 번째 장을 쓸 차례야. 비행기는 반쯤 날아왔고, 팀의 작업도 막바지에 이르렀어. 이번 장은 가로등에 관한 거야. 팀은 가까운 미래에는 가로등에 전기가 쓰이지 않을지도 모른다는 흥미로운 글을 읽었어. 반딧불처럼 빛나는 박테리아를 유리 속에 잔뜩 넣으면, 짜잔! 전등 완성!

"뭘 그리고 있니?"

승무원이 샌드위치를 가져왔을 때, 이네 엄마가 물었어.

"학교 숙제예요."

"그래, 그런데 그게 뭐니?"

"나중에 설명해 줄게요. 지금 좀 바빠서요."

팀은 원고를 엄마에게 보여 주고 싶지 않았어. 수학 수업을 마친 뒤에 공개할 셈이었지. 사실, 팀한테는 큰 걱정거리가 있었어. 바로 환경에 안 좋은 비행기를 타는 문제야. 비행기는 기차보다 훨씬 나쁜데, 팀은 매달 비행기를 타잖아? 물론 팀은 카티아 엄마가 보고 싶고, 엄마를 보러 가는 건 매우 기쁜 일이지만.

팀은 이 문제에 대해 셋이 대화를 해 본 적이 없다는 걸 깨닫고 무척 놀랐어. 엄마들은 늘 모든 문제에 대해 신중하게 논의하거든. 그래서 팀은 계획을 짰어.

1. '쓸모 있는 수학' 수업에서 질문을 한다.
2. 비행기가 얼마나 나쁘고, 기차는 얼마나 더 나은지를 수업에서 다룬다.
3. 엄마들에게 원고를 보여 드린다.
4. 원고가 마음에 들면 엄마들은 자연스럽게 마지막 장까지 읽을 것이다.
5. 마지막 장에는 머리 위에 물음표를 띄운 두 엄마와 남자아이가 비행기에 타고 있는 그림이 나온다.

착륙을 알리는 안내 방송이 흘러나왔어. 비행기는 벌레라도 잡으려는 듯 땅으로 기울어졌다가 제 자세를 되찾았지. 바퀴가 바닥에 부딪히고, 아주 크게 '끼이이이이이익' 하는 소리가 났어. 팀은 그 소리를 아주 좋아했어. 오는 동안 원고를 다 쓰지는 못했네. 그래, 아직은 어려울 것 같아, 마지막 장을 쓰는 건 말이야.

쓸모 있는 수학 질문 20: 팀

비행기는 기차보다 얼마나 더 빠를까?
그리고 얼마나 더 비쌀까? 또 얼마나 더 환경에 나쁠까?

흠… 팀의 질문은 세 개네요.
다행히 모두 연관된 문제들이니까
답은 한꺼번에 낼 수 있겠어요.

팀, 어머니가 어디에
사신다고 했지요?

바젤이요.

스위스에 있어요.

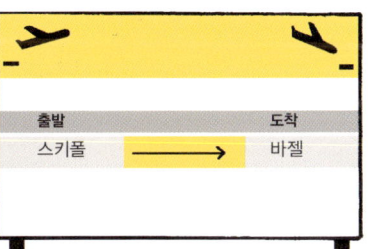

출발	도착
스키폴 →	바젤

바젤행 경유지:

위트레흐트, 아른험, 에머리히, 오버하우젠,
뒤스부르크, 뒤셀도르프, 쾰른, 지그부르크/본,
프랑크푸르트(환승), 만하임, 카를스루에, 바덴바덴,
오펜부르크, 프라이부르크, 바젤

바젤은 그리 멀지 않지만, 기차를 타고
가려면 적어도 7시간 10분은 걸려요.

비행기를 타고 가면 1시간 10분이면 갈 수 있지요.

그러니까, 팀. 비행기가 얼마나 더 빠른 거죠?

 6시간요.

주말에 왕복하면 12시간을 아끼는 셈이겠네요.

맞아요, 비행기가 기차보다 훨씬 더 빨리 가지요.

두 번째 질문을 볼게요. 비행기로 여행할 때의 비용은 기차로 여행할 때에 비해 얼마나 더 비쌀까요?

티켓 값은 인터넷으로 검색해 봤어요. 진짜 탐정이라도 된 것처럼 집요하게 아주아주 싼 티켓들만 찾아봤답니다.

바젤행 왕복 티켓(기차) **80**유로
바젤행 왕복 티켓(비행기) **51**유로

그러면 80-51=29. 29유로나 더 비싸네요.

어? 그러면… 비행기가 기차보다 더 싸다는 말이네요?

말도 안 돼, 어떻게 이럴 수가?

그런데 어떻게 비행기가 기차보다 더 쌀까?

사람들이 비행기는 기후에 나쁘다고 했잖아.

난 기차 타는 것보다 비행기를 타는 게 더 재밌어!

재미? 그게 지금 무슨 상관인데?

자, 그럼 이제,

남은 질문을 살펴볼게요.
비행기는 기차에 비해 기후에 얼마나 더 나쁠까?

이건 수학적으로 계산하기가 무척 어려워요.

그래도 이산화 탄소의 배출량으로 대략 추정해 볼 수는 있죠.

'CO_2'라고도 표기하는 이산화 탄소는 우리 지구를 뜨겁게 하는 온실가스예요.

바젤까지 기차를 타고 가면, 이산화 탄소 **60**킬로그램이 배출되지요.

비행기로 가면, 이산화 탄소 **450**킬로그램이 배출된답니다.

잠깐 비교!

만약 우리가 일 년 내내 고기를 먹지 않으면 이산화 탄소 **460**킬로그램을 줄이는 효과가 있어요.

그러니까 말하자면⋯

바젤로 가는 비행기를 한 번 타는 것은 일 년 내내 고기를 먹는 것과 비슷하게 환경에 좋지 않답니다.

수업이 끝난 뒤
복도에서 티네 선생님이 팀에게

"전기 차는 이미 발명되었는데 왜 전기 비행기는 아직 없을까요? 있다면 기후 문제에 훨씬 도움이 될 텐데요. 사실 세계 여러 나라에서 비행기에 거대한 배터리를 활용하는 것에 대해 연구하고 있어요. 배터리를 쓰면 환경에 더 좋을 뿐 아니라, 훨씬 조용하죠. 하지만 실제로 사용하기까지는 상당한 시간이 필요할 거예요. 과학자들이 해결해야 할 문제가 많거든요. 예컨대 일반 비행기는 기름을 태우기 때문에 비행을 할수록 가벼워지죠. 하지만 배터리로 움직이는 비행기는 무게가 변하지 않아요. 그리고 충전은 어떻게 해야 할까요? 과연 안전할까요? 몇 년 내로 기름과 전기를 모두 쓰는 하이브리드 비행기는 나올지도 몰라요. 소형 전기 헬리콥터나 소형 여객기나 사람을 태우는 드론 형태로 나올 수 있겠죠."

동물원을 탈출한 개미
믹의 이야기

아침에 눈을 뜰 때부터 다리가 고무줄이라도 된 것처럼 주체할 수 없는 날이 있어. 오늘이 그런 날이야.

"가만히 좀 앉아 있으렴."

아빠는 아침을 먹으며 툴툴거렸어. 하지만 믹은 가만히 있을 수 없었어. 왜냐하면 오늘은 소풍을 가는 날이니까!

믹은 엄마가 싼 가방 속의 것들을 침대 위에 다 꺼냈다가(엄마가 실수로 믹이 좋아하지 않는 간식을 넣을 때가 있거든. 하지만 이번엔 엄마가 아주아주 주의를 기울였어. 게다가 가방 앞쪽 주머니에 초콜릿을 하나 더 넣어 주셨네. 엄마 최고!) 다시 가방에 담았어. 작은 공책도 하나 넣었지. 내일 발표할 수학 문제를 생각해야 했거든. 믹은 동물에 관한 문제를 준비할 생각이었는데, 오늘 소풍을 가는 곳은…… 아 맞다, 오늘은 특별히 핸드폰을 가져가도 되니까, 노트 앱을 쓰면 되는데 공책을 챙겼네? 아무튼 오늘 소풍을 가는 곳은…… 아, 누구랑 같은 조가 될까? 아무튼 오늘 소풍을 가는 곳은, 동물원이야!

아이들이 버스에 탔어. 약간 어수선하긴 했지만 모두 자기 자리를 찾았어. 믹은 로만의 옆자리에 앉았지. 믹과 로만은 갓난아기 때부터 단짝 친구야. 갓 태어나 병원에 있을 때, 둘의 엄마가 서로 마주보는 자리에 누워 있었거든. 믹보다 이틀 먼저 태어난 로만도 믹의 맞은편 침대에 누워 있었지.

선생님들은 아이들이 다 왔는지 확인하기 위해 수를 세 번이나 셌어. 몇몇은 부모님과 함께 왔어. 확인이 끝나고, '버스 노래방'(한두 명씩 버스 앞으로 나와서 노래를 불러야 하는데 끔찍하고도 재미있어.)이 시작되었지.

동물원에 가까워지자 선생님은 밖에서 함께 다닐 조원들을 알려 줬어. 로만, 믹,

테사, 만이 같은 조가 되었어. 테사의 엄마도 함께했어. 모든 게 완벽했어.

아이들은 동물을 둘러보다가, 어느새 고릴라 우리에 왔어. 만은 안내판에 적힌 정보를 읽었어. 가장 큰 고릴라의 이름은 '보키토'였고, 예전에 우리를 탈출해서 사람을 해친 적이 있다고 했어. 테사는 무서워했고, 로만은 새끼를 찾기 시작했어. 믹은 핸드폰을 두드렸어.

"믹, 뭐해?"

만이 물었어.

"수학 수업에 쓰려고 동물에 관한 질문을 생각하고 있어. 최고의 수학 질문을 만들고 싶어. 먼저 생각나는 걸 다 적고, 그다음에 고를 거야."

"오, 멋진데!"

"우리가 도와줄게, 네가 원한다면?"

"나야 고맙지!"

테사와 만의 제안에 믹이 어깨를 들썩이며 대답했어. 아이들은 모두 들떠 있었어. 5분 후, 믹은 첫 번째 질문을 핸드폰에 적었어.

"고릴라는 사람들을 단번에 몇 명이나 때릴 수 있을까? 고릴라는 건물도 때려 부술 수 있을까? 전 세계에서 몇 명의 사람들이 고릴라를 때려눕혔을까?"

"때리는 거 안 하면 안 돼?"

믹의 핸드폰을 곁눈질하던 로만이 슬쩍 물었어.

"음, 재밌잖아."

"흐음, 글쎄."

그때 믹의 머릿속에 또 질문들이 떠올랐어.

'얼룩말의 엉덩이에는 줄무늬가 몇 개나 있을까? 세상 모든 얼룩말의 엉덩이 줄무늬 수를 합치면 몇 개일까? 사람도 얼룩말처럼 엉덩이에 줄무늬가 생긴다면 몇 개나 생길까?'

질문을 만드는 건 무척 재미있었어. 아이들에게 질문을 말해 주자, 늘 심각한 표정을 짓던 테사까지 웃음을 터뜨렸어. 믹은 모든 질문을 핸드폰에 적고는 하마 우리로 달려갔다가 빠르게 되돌아오기를 반복했어.

"나, 생각난 게 있어! '하마 입속엔 우리 반 아이들이 몇 명이나 들어갈까?'"

로만이 소리쳤어.

"음, 이건 어때? '하마 입속엔 우리 선생님들이 몇 분이나 들어갈까?'"

만이 한술 더 뜨자 아이들이 킬킬거렸어. 테사의 엄마가 "얘들아, 조용히 좀 하겠니?" 하고 주의를 주었지만 아이들은 그저 즐거워했어.

거의 한 시가 되었어. 커다란 놀이터 옆에 모든 아이들이 모여서 집에서 싸 온 점심을 먹기 시작했어. 로만은 엄청 큰 초콜릿 스프링클을 뿌린 샌드위치를 너무 많이 가져와서 혼자 다 먹을 수가 없었어. 그래서 믹은 작은 초콜릿 스프링클을 뿌린 자기의 샌드위치는 가방에 넣어 두고 로만의 샌드위치를 함께 먹었어. 믹의 마음은 풍선 같기도 하고, 구름 같기도 했어. 오늘은 일 년 중에 가장 좋은 날이니까. 다시 모이기까지 15분 정도 시간이 남아서, 아이들은 구름사다리에서 서로를 쫓아다니며 놀았어.

코끼리 우리를 지날 때 믹은 이런 질문을 떠올렸어. '코끼리 코를 물뿌리개 삼아서 샤워를 할 수 있을까?' 바다코끼리 우리에서는 '바다코끼리를 내 무릎에 앉히면, 내 다리는 얼마나 납작해질까?' 하는 질문이, 나비 정원에서는 '내가 가발을 쓰고 있다면, 그 가발을 벗기는 데 나비 몇 마리가 필요할까?' 하는 질문이 떠올랐지. 오카피 우리에서는 '오카피의 엉덩이에는 줄무늬가 몇 개나 있을까? 세상 모든 오카피의 엉덩이 줄무늬 수를 다 합치면 몇 개일까? 사람도 오카피처럼 엉덩이에 줄무늬가 생긴다면 몇 개나 생길까?' 하고 아이들에게 물었어.

"그건 아까 했던 질문이잖아!"

"아깐 얼룩말이었지. 오카피는 줄무늬 모양도 다르고, 개수도 완전히 달라."

믹이 소리치자, 테사가 조용히 말했어.

어느새 집에 갈 시간이었어. 모두들 기념품 상점 앞에 모였어. 여기서 시간이 많이 걸렸어. 아이들은 옷 주머니에서 구깃구깃한 지폐 뭉치와 동전을 꺼내고, 화장실도 가야 했거든. 버스에 오르기 직전엔 티네 선생님과 튀르 선생님이 아이들에게 설탕 가루가 뿌려진 추로스를 나누어 주셨어.

고무줄 같던 믹의 다리는 버스를 타고서야 좀 진정이 되었어. 기분 좋은 오후의 햇살이 버스 창문을 통해 들어왔어. 갑자기 옆에 앉은 로만이 말했어.

"믹, 네 다리에 뭔가 기어가고 있어."

개미였어. 믹은 개미를 털어 내려다 말았어. 개미의 등 위에 뭔가가 있었거든. 초콜릿 스프링클이었어.

"이것 봐!"

믹이 로만에게 속삭였어. 또 다른 개미들이 의자 등받이에 줄을 지어 있었어.

"우아, 줄이 진짜 길어! 믹, 다 네 가방에서 나오고 있어!"

"내 초콜릿 스프링클을 가져가는 거야."

추로스를 먹으려고 벤치에 앉았을 때, 달달한 냄새를 맡은 개미 떼가 가방 속에 기어든 모양이었어. 개미들을 가만히 지켜보던 로만이 믹에게 말했어.

"개미가 여행을 하네."

"그러게, 구글 지도도 없는데. 저 개미들 다시는 집에 못 가겠다."

"계속 버스 안에서 살아야 할까?"

"개미들은 이제 세계를 누비는 여행자가 될 거야."

"동물원에서 동물을 데려온 건 너밖에 없어."

말도 안 되는 대화였어. 둘 다 지쳐 있었거든. 그래도 믹과 로만은 이 엉뚱한 대화가 좋았어. 그래, 모든 것이 정말 좋은 하루였어. 버스는 학교에 거의 다 왔어. 아이들은 의자 아래에 납작 엎드렸지. 텅 빈 버스인 척해서 밖에 있는 부모님을 속이려던 거야. 누구도 속진 않았어. 아이들도 유치하다고 생각했지만 작년에 너무 재미있었기 때문에 올해도 또 했어. 소풍날마다 아이들은 지난해에 했던 걸 따라 했고, 그 이전 해에도, 전전 해에 했던 걸 따라 하며 웃었어.

"내일 보자."

아이들은 부모님을 만나 포옹했어. 믹의 엄마는 믹에게 선생님들과 테사 엄마에게도 고맙다는 인사를 하라고 했지. 믹은 어른들에게 인사하고는 로만에게 "잘 가." 하고 말했어. 로만은 "응, 개미집 잘 가."라고 대답했어.

믹은 저녁 내내 킥킥거렸어. 침대에 누워서는 낮에 쓴 수학 질문들을 읽어 보았지. 모두 재미있었지만 말도 안 되는 것들이었어. 믹은 하나씩 질문을 지웠어. 이제 다 필요가 없어졌거든. 완전히 새로운 질문이 떠올랐으니까!

쓸모 있는 수학 질문 21:

사람이 개미 같은 힘을 얻는다면, 얼마나 무거운 걸 들 수 있을까?

어떤 개미는 몸무게의 50배나 되는 물건을 들어 올린답니다.

사람으로 치면 어떤 모습일까요?

제가 마노 50명을 번쩍 들어 올려서 어디든 데려가는 모습일 거예요!

맞아요. 마노 혼자서 티네 선생님과 나, 그리고 반 친구들 모두를 한꺼번에 들어 올리는 것과 비슷하겠죠.

그럴 수 있다면 다음번 소풍 때는 아주 편하겠어요. 버스를 빌리지 않아도 될 테니까요.

그럼, 먼저 내가 어느 정도를 들 수 있을지 계산해 보겠어요.

내 몸무게는 80킬로그램이에요.

만약 내가 개미 같은 힘을 가지게 된다면….

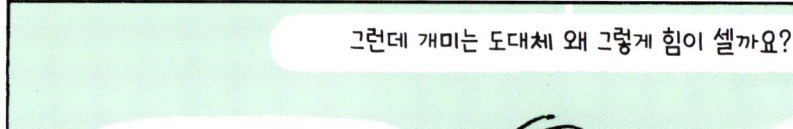

여기 가로, 세로, 높이가 각각 1센티미터인 상자가 하나 있어요.

무게는 1그램이지요.

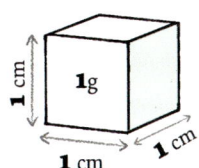

이 상자 두 개를 나란히 붙이고, 보통 개미 한 마리라고 상상해 봅시다. 무게는 약 **2**그램 정도 되겠지요.

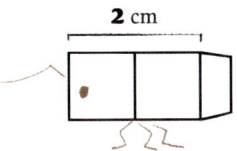

이 개미의 근육은 얼마나 길까요?

뭐, 기껏해야 몇 밀리미터겠죠?

개미의 몸에서 가장 긴 근육의 길이가 키의 $\frac{1}{5}$쯤 된다고 해도, 겨우 **2**밀리미터밖에 되지 않아요. 그다지 인상적인 길이는 아니죠?

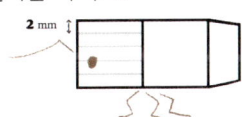

하지만 잘 봐요.

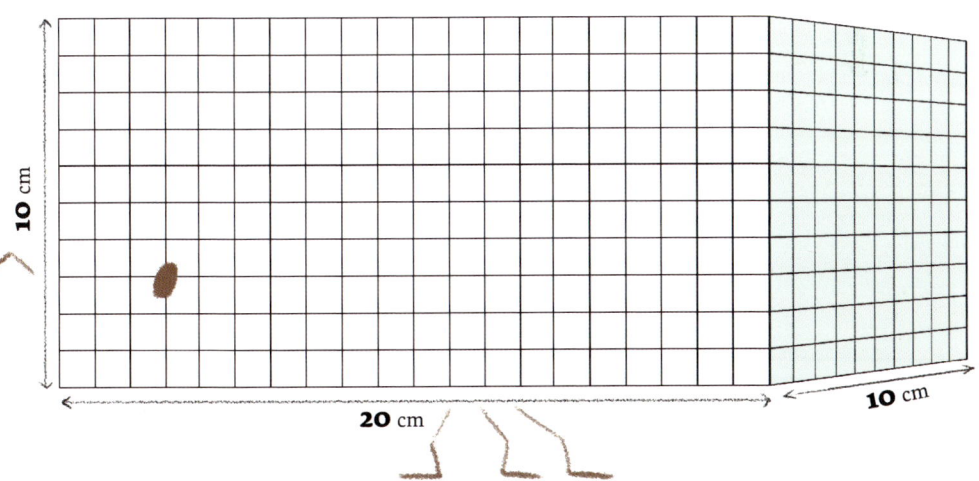

상자 **2,000**개를 모아서 쌓았어요. 무게는 얼마일까요?

2,000그램이요!

맞아요. 이 상자 더미를 먼저 만든 보통 개미보다 **1,000**배나 무거운 큰 개미라고 합시다.

그러면 큰 개미의 근육은 얼마나 길까요?
가장 긴 근육의 길이가 키의 $\frac{1}{5}$이라고 가정한다면?

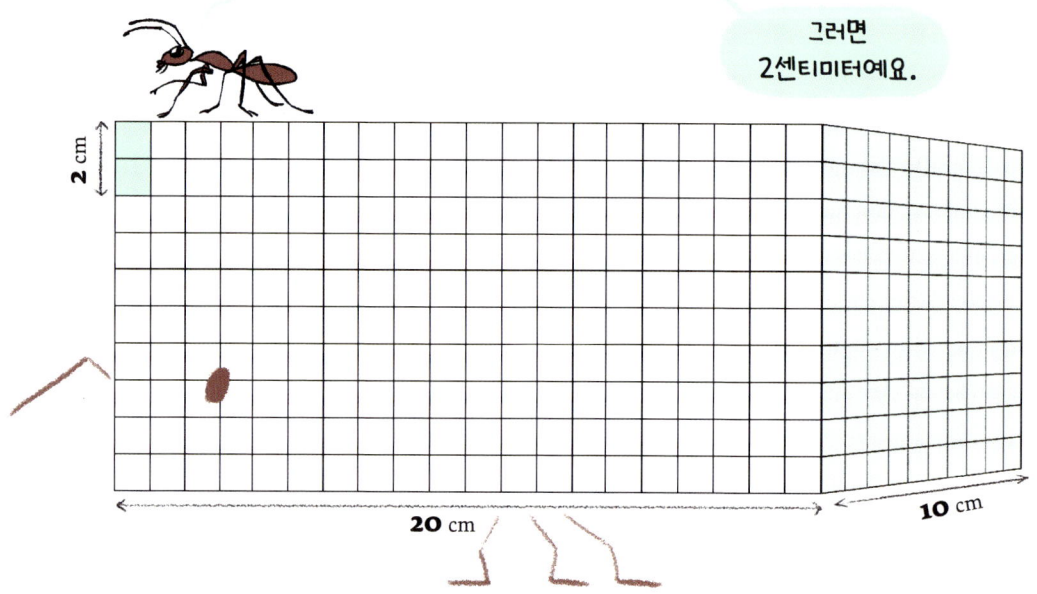

그러면 센티미터를 밀리미터로 바꾸면 어떻게 될까요?

2 × 10을 하면 20밀리미터예요.

길이의 단위
1m(미터) = **10**dm(데시미터) = **100**cm(센티미터) = **1000**mm(밀리미터)
1km(킬로미터) = **10**hm(헥토미터) = **100**dam(데카미터) = **1000**m(미터)

	보통 개미	큰 개미	
무게	2그램	2,000그램	→ 1,000배
가장 긴 근육의 길이	2밀리미터	20밀리미터	→ 10배

보다시피 덩치가 큰 개미는 보통 개미에 비해 1,000배나 무겁지만, 근육의 길이는 10배밖에 차이가 나지 않아요.

아주 단순하게 설명하긴 했지만 크기와 힘의 세기의 원리는 대략 이렇답니다.

작은 동물은 큰 동물보다 상대적으로 훨씬 강해요.

아하! 이제 확실히 알겠어요.

그럼 그냥 자라지 말고 작게 있어야겠다!

음…

계속 그렇게 안 자라면, 키가 하마 입에 딱 들어맞을걸?

수업이 끝난 뒤
운동장에서 튀르 선생님이 믹에게

"왜 얼룩말에 줄무늬가 있는지를 연구한 두꺼운 책들이 엄청 많아요. 하지만 대부분은 말이 안 되는 가설로 가득하죠. 얼룩말의 줄무늬가 천적들에게 혼란을 준다는 말이 있는데, 사자나 하이에나는 줄무늬를 구분할 수조차 없어요. 또, 줄무늬는 얼룩말의 체온을 식힌다는 이야기도 근거가 없어요. 최근에 나온 가설이 그나마 가장 신빙성이 있어요. 말파리들이 얼룩말의 엉덩이를 쏘고 싶을 때 줄무늬가 어지러워서 정확히 착지할 수 없다는 것이랍니다."

부자가 되는 방법
로만의 이야기

"드디어 마지막 순서가 왔네요. 로만, 생각해 놓은 질문이 있나요?"

티네 선생님이 말했어. 로만은 식은땀이 났어. 머리카락으로 가려진 이마에 땀방울이 송골송골 맺혔지.

"저……."

"응? 크게 좀 말해 줄래요?"

"저…… 제 질문은…… 좀 이기적이에요. 나쁜 건 아니고요……. 그러니까……."

로만은 잠시 생각에 빠졌어. 땀방울이 머리카락 밑으로 굴러 내려올 것 같았어.

"로만, 어떤 질문이든 다 괜찮아요. 그리고 지금 말하는 게 좋을 거예요. 30초 후면 종이 울릴 것 같으니까."

"네…… 제 수학 질문은요. '부자가 되는 법'이에요."

"어떻게 하면 부자가 될 수 있겠냐는 말이죠?"

"네……."

로만은 여전히 이마 위의 땀방울이 느껴졌어.

"음, 튀르 선생님과 잘 생각해 볼게요. 다음 주면 '쓸모 있는 수학' 시간도 끝나겠네요. 우리 마지막까지 최선을 다해 봅시다."

선생님은 숙제에 관한 이야기를 조금 더 하셨어. 문득 로만은 다른 친구들이 무슨 생각을 하고 있을지 궁금했어. 바로 그 순간, 친구들의 머릿속은 어땠을까?

믹: '아, 로만이 땀을 흘리고 있네. 엄마가 우리도 슬슬 겨드랑이에서 냄새가 날 때라고 하셨는데, 로만도 그러려나?'

테사: '순종 강아지는 정말 너무 비싸. 그냥 유기견 보호소에 갈까 봐.'

팀: '카티아 엄마는 이네 엄마보다 더 부자일까? 아니면 둘이 재산을 합쳤을까?'

닐러: '아흐메드한테 영화 보러 가자고 해야지. 캣마우스 2탄이 곧 나온다던데.'

아흐메드: '닐러한테 항구에 가자고 해야지. 크루즈선이 곧 항구에 온다던데.'

파트릭 1번: '부자가 되는 법? 답이 간단치 않겠는데? 쉬운 문제였으면 모든 사람이 부자가 되었을걸. 내가 부자가 된다면 집에 천체 망원경을 설치할 거야. 아빠 서재에 놓아도 괜찮겠지?'

파트릭 2번: '종 언제 치지? 끝나자마자 새 축구팀 연습 장소까지 가야 하는데, 멀어도 너무 멀어. 비라도 오면 홀딱 젖을 텐데. 아, 그래도 불평하지 말자. 시스 선생님은 적어도 상식적인 분이니까. 종 치면 바로 뛰어나가야겠다.'

로스: '나도 알고 싶다. 하지만 알 수 있을까? 선생님이 부자가 되는 법을 아신다면 벌써 부자가 되지 않으셨을까?'

로메이: '화장실 가고 싶다. 너무 급해!'

스벤: '로만이 좋은 문제를 냈네. 로만이랑도 친구가 될 수 있을까? 아님 믹은?'

디데: '나중에 나만의 빵집을 차리면 좋겠다. 작은 가게를 하나 사서 계산대와 케이크 진열대를 몽땅 분홍색으로 꾸며야지.'

마노: '난 어떻게든 부자가 될 거야. 그래서 모로코행 비행기표를 엄청 많이 사야지. 동생들도 이제 비행기를 탈 수 있으니까. 아, 근데 비행은 너무 힘든데……, 그렇다고 자동차로 가기는 싫어. 누가 운전하냐고! 엄마가? 아휴!'

파이케: '아직 모르는 게 많은데, 벌써 마지막 수업이구나. 로만의 질문도 듣고 보니 정말 궁금해지는데?'

키아라: '부자들은 매년 핸드폰을 바꿀까? 미용실은 몇 번 갈까? 보톡스는 맞으려나? 맞겠지? 보톡스는 비쌀까?'

사야: '엄마가 오늘 저녁에 뭘 먹을지 말씀해 주셨던가?'

옌스: '아빠가 부자였음 엄마는 아빠 곁에 남았을까? 아님 엄마가 부자였다면?'

쿠제이: '아이스크림 먹고 싶다. 아흐메드네 형한테 한번 가 봐야겠어.'

벤테: '미밀루의 새 영상이 뜬 것 같은데. 빨리 보고 싶다!'

미렐바: '오, 로만의 질문 좋은데? 잘 생각했는걸?'

파비오: '라스베이거스에서는 마술로 부자가 될 수 있어. 하지만 그러려면 그곳에서 통하는 마술 비법을 살 수 있을 만큼 이미 부자여야 한다는 게 문제야.'

만: '와, 로만 정말 잘생겼다. 이렇게 잘생겼는지 몰랐네?'

그리고 로만은?

로만: '아, 친구들이 너무 멍청한 질문이었다고 생각할지도 몰라. 이제 어떡하지?'

그때 종이 울렸어. 다행히 아이들 중 누구도 질문이 이상하다고 생각하거나 화내지 않았어. 심지어 마노는 로만에게 "좋은 질문이야."라고 말해 주었어. 평소라면 절대 말을 거는 일이 없는 스벤도 다가와 "정말로 좋은 질문이야."라고 했지. 그리고 파이케는 이렇게 중얼거렸어.

"내가 이 질문을 궁금해할 줄 몰랐네. 근데 진짜 알고 싶다."

로만은 안도의 한숨을 내쉬었어. 그때 믹이 로만의 어깨를 치며 물었어.

"야, 로만. 너도 겨드랑이 냄새 나냐? 우리 엄마가 이제 점점 심해질 거라던데?"

"뭐? 나한테 냄새 나?"

"아니, 그냥 엄마가 그렇다고 하서서. 너 내 냄새 맡아 볼래? 맡아 봐!"

"싫어! 미쳤어!"

쓸모 있는 수학 질문 22: 로만

부자가 되는 방법은?

좋아요, 로만. 우리 수업의 마지막 질문이네요.

그리고 꽤 어려운 문제네요.

로만은 부자였던 적이 있나요?

얼마나 많은 돈을 가지고 있으면 부자라고 느낄까요?

1,000유로쯤이요?

오호, 1,000유로.

일단 거기서부터 한번 따져 볼까요?

여러분은 용돈을 얼마나 받나요?

이번 달에는 5유로요!

2유로!

전 용돈이 없어요. 살 게 생기면 그때그때 돈을 받아서 써요.

이번 달? 전 매주 5유로씩 받아요.

전 집안일을 도와요.

저는 일주일에 1유로를 받아요.

한 번 일할 때마다 3유로를 받아요.

두 선택지 중 하나를 고를 수 있다고 상상해 봐요.

지금 당장 나한테 **1,000**유로를 받는다.

아니면 **4**주 동안 학교에 올 때마다 조금씩 나눠 받는다.

튀르 선생님이 수업하시는 날에도 돈을 받나요?

네, 그럼요. 물론이죠!

그러면 4 × 5, 20일이네요.

매일 1,000유로를 받는 거예요?

아니요, 매일매일 다르게 받을 거예요.

첫째 날은 **5**센트를 받고…

둘째 날은 **10**센트…

셋째 날은 **20**센트…

20일째가 될 때까지 매번 그 전날 받은 돈의 두 배씩을 받을 거예요.

	받는 돈	받는 돈의 합계
1일차	5센트	5센트
2일차	10센트	15센트
3일차	20센트	35센트
4일차	40센트	75센트
5일차	80센트	1.55유로
6일차	1.60유로	3.15유로
7일차	3.20유로	6.35유로
8일차	6.40유로	12.75유로
9일차	12.80유로	25.55유로
10일차	25.60유로	51.15유로
11일차	51.20유로	102.35유로
12일차	102.40유로	204.75유로
13일차	204.80유로	409.55유로
14일차	409.60유로	819.15유로
15일차	819.20유로	1,638.35유로
16일차	1,638.40유로	3,276.75유로
17일차	3,276.80유로	6,536.55유로
18일차	6,553.60유로	13,107.15유로
19일차	13,107.20유로	26,214.35유로
20일차	26,214.40유로	52,428.75유로

> 이렇게 해서 되겠어요? 일주일 동안 받은 돈이 2유로도 안 되네요. 한꺼번에 1,000유로 받기를 선택할 걸 그랬나?

> 100유로예요. 이제야 돈이 모이기 시작했어요.

> 세상에, 이게 무슨 일이야? 1,000유로를 넘었네!

> 제가 받는 돈은 바로 전날까지 모은 돈의 총합보다 항상 5센트가 많아요.

> 제가 완전히 잘못 골랐어요. 이걸 골랐어야 했는데!

당장 가진 돈이 적더라도 인내심을 가지고 굴리면 **1,000**유로보다 더 큰돈을 얻을 수 있어요.

돈이 불어날 수 있게 잘 관리해야 한답니다.

용돈을 받으면 다 쓰지 말고, 조금이라도 이자를 받을 수 있는 저금통장에 저축하세요.
전날 받은 돈의 두 배씩을 매일 받는 것보다는 느리게 돈이 모이겠지만, 돈을 불리는 기본적인 방법이에요.

아니면 중고 물건을 직접 고쳐서 더 비싼 값으로 되팔아 봐요.

부자들이 자주 쓰는 방법이지요.

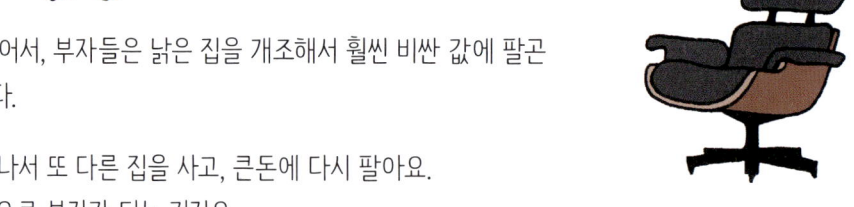

예를 들어서, 부자들은 낡은 집을 개조해서 훨씬 비싼 값에 팔곤 한답니다.

그러고 나서 또 다른 집을 사고, 큰돈에 다시 팔아요.
그런 식으로 부자가 되는 거지요.

하지만 그렇게 하려면, 일단 여러분은 저금부터 시작하는 게 좋아요.

저금을 해서 조금씩이라도 계속 돈을 모은다면
어느새 큰돈이 모여 부자가 될 거예요.
질문에 좋은 답이 되었을까요?

에이, 선생님. 모르면 모른다고 하지 그러셨어요?

선생님이 부자가 되는 법을 알고 계셨다면, 지금쯤 선생님의 섬에 가서 야자나무 사이에 누워 계시겠죠!

수업이 끝난 뒤
티네 선생님이 튀르 선생님에게

"요즘엔 어린이들이 용돈을 잘 관리하도록 도와주는 모바일 앱도 있다고 하네요. 어른들에게 받은 돈을 앱을 통해 모으거나 쓸 수 있고, 주식을 사는 체험을 하거나 기부를 할 수도 있대요. 그리고 일반 적금보다 금리가 높은 어린이 전용 적금 상품도 있다는군요. 가입한 어린이가 학교에 들어가거나 졸업할 때는 금리 혜택을 더 제공한다고도 하니, 부자가 되고 싶은 우리 반 아이들이 잘 알아보고 활용하면 좋겠어요."

진짜 수업을 마친 뒤

금요일 오후, 아이들은 교실에 둥글게 의자를 놓고 둘러앉았어. 앞쪽엔 튀르 선생님과 티네 선생님이 나란히 앉았지. 아이들은 선생님의 이야기를 빨리 듣고 싶어 했어. 특히 키아라는 좀처럼 참을 수가 없었어.

"아아! 막 끝나기 직전인 드라마를 보는 것 같아요. 결말은 잘 모르겠지만 빨리 끝을 보고 싶고, 과자는 다 떨어져 가고……."

"쉿, 키아라. 조용히 좀 해 주겠어요?"

티네 선생님의 말에 키아라는 "쳇!" 하고 볼멘소리를 내더니 양손을 무릎에 올리고 입을 꾹 다물었어. 십억 개쯤 되는 작은 공이 배 안에서 마구 돌아다니는 듯한 기분을 느낀 건 키아라뿐만이 아니었어. 오늘은 공식적으로 '쓸모 있는 수학' 수업을 마치는 날이거든. 파티를 열고, 이야기를 나누고, 지난주에 치른 시험 결과를 받을 예정이었지. 티네 선생님이 말했어.

"여러분이 파티를 얼마나 기대하고 있는지 잘 알아요. 시험 결과도 빨리 알고 싶겠지요."

"저는 지난 수업에 대한 여러분의 생각이 궁금해요. 음, 일단은…… 파비오가 준비한 걸 함께 볼까요?"

튀르 선생님이 파비오를 보자, 파비오는 빙긋 웃으며 목을 가다듬었어.

"시작할게요! 사야, 네게 공책이랑 펜을 줄게. 공책에 숫자를 하나 적어 줄래?"

사야는 공책과 펜을 받아 들고 숫자를 썼어. 파비오는 자기 의자로 돌아갔지.

"잠깐만, 내가 안대를 할게. 벤테, 네가 묶어 주겠어?"

벤테는 망설이며 일어서더니, 안대를 받아서 파비오의 눈을 가렸어.

"자, 이러면 내가 아무것도 볼 수 없지. 벤테, 확인해 볼래?"

"음…… 이렇게?"

벤테는 파비오의 얼굴 앞에 손을 흔들어 보였어.

"너 지금 손가락 두 개를 들어 올렸니?"

"아닌데."

"좋아, 진짜 아무것도 안 보이네. 고마워 벤테. 자, 사야. 이제 종이에 적은 숫자를 다른 친구들에게 보여 줘."

사야는 어깨를 으쓱하고는 적은 숫자를 들어 올렸어. 파비오를 뺀 모든 아이들이 숫자 '7'을 읽었어.

"다 했니? 좋아. 그 숫자에 2를 곱해 봐."

사야와 아이들은 머릿속으로 계산을 했어. '7×2=14.'

"그리고 거기에 5를 더 곱해!"

사야는 눈을 감고 계산을 이어 했지. '14×5=70.'

"그걸 네가 처음에 공책에 쓴 숫자로 나눠."

사야는 70을 7로 나누었고, 10이 나왔어.

"마지막으로 거기에서 7을 빼."

사야와 다른 아이들의 머릿속에 계산이 떠올랐어. '10-7=3.'

"이제 나온 결과를 적어 봐."

사야는 몸을 구부린 뒤 공책에 3이라고 적었어. 곧이어 파비오가 말했어.

"다 됐지? 내가 이제 맞혀 볼게. 네가 적은 숫자는…… 3이야."

"엥?"

교실 아이들 절반이 소리쳤어. 파비오는 두꺼운 안대를 하고 있었는데 어떻게 맞혔지? 파비오는 안대를 벗고 미소를 짓더니, 튀르 선생님을 가리켰어.

"선생님이 가르쳐 주신 거야."

"하하하. 파비오뿐만 아니라 여러분도 이 수학 마술로 세상을 놀라게 할 수 있어요. 어떤 수든, 그 수에 2를 곱하고, 5를 곱한 다음에, 다시 그 수로 나누고 7을 빼면, 답은 항상 3이 나와요. 언제나 항상! 수학은 정말 위대하답니다."

튀르 선생님이 환하게 웃으며 말하자, 마노가 물었어.

"선생님. 정말 재밌었어요. 그런데 시험 결과는 언제 알려 주실 거예요?"

"이제 알려 줄게요! 우리의 대답은…… 아까 파비오가 말한 거예요!"

응? 모두 고개를 돌려 파비오를 바라보았어. 파비오는 영문을 모르겠다는 표정으로 두 어깨를 귀에 닿을 듯 높이 으쓱했어.

"결과는 '3'입니다."

튀르 선생님이 말했어. 아이들이 이해하지 못하자, 티네 선생님이 덧붙였어.

"지난주에 치른 수학 시험의 평균 점수가 작년보다 3점 더 높게 나왔어요. 그러니 보충 수업은 필요 없어요!"

"아싸!!!"

교실에 환호성이 울렸어. 키아라와 미렐바는 벌떡 일어나 엉덩이를 부딪치며 춤을 추고는 킥킥거리며 제자리에 앉았지. 마노는 벌떡 일어나 교실을 둥글게 달리면서 아이들과 손바닥을 마주치며 외쳤어.

"잘했어, 친구들!"

선생님들은 웃으며 마노가 모든 아이들과 인사할 때까지 기다렸어. 그러고는 아이들에게 조용히 하라고 손짓했지.

"결과가 너무 잘 나왔어요. 물론 큰 차이는 아닐 수도 있지만……."

티네 선생님이 말했어. 튀르 선생님이 뒤이어 말했지.

"그렇지요. 작년보다 더 높은 점수를 받긴 했지만, 이번 시험을 본 날 유난히 날씨가 좋아서 그랬을 수도 있으니까요. 아니면 작년에 여러분들이 신경 쓸 일이 많앉을지도 모르죠. 단체로 사랑에 빠졌다든지……."

교실이 갑자기 소란스러워졌어. 파트릭 두 명은 동시에 소리를 질렀어.

"난 절대로 사랑에 안 빠질 거야!"

쿠제이와 믹, 디데는 손사래 쳤어. 그때 튀르 선생님이 말했어.

"어쨌든, 다시 조용! 지금부터는 여러분의 생각을 들어 볼 거예요. 수학이 진짜 여러분의 삶과 관계가 있었나요? 말해 볼 사람?"

아이들은 천천히 조용해졌어. 그때 누군가 먼저 손을 들었어.

질문으로 수업하는 게 참 좋았어요. 덕분에 우리 둘이 더욱 친한 친구가 되었거든요.

축구와 관련이 있는 수학에 대해 제가 여쭤보지 **않은** 것까지 자세히 다뤄 주셔서 좋았어요.

　할 말이 있는 아이들은 차례대로 말했고, 할 말이 없는 아이들은 친구의 말에 고개를 끄덕이거나 박수를 쳤어. 아직 말을 안 한 아이들이 몇 있었는데, 그중 하나는 관심을 받으면 더욱더 말하기를 싫어하는 아이, 파이케였어. 교실의 모든 아이들은 파이케가 이야기를 꺼내기만 기다리고 있었어. 그런가 하면, 다른 사람의 주의를 끌기 위해 손과 입을 끝없이 분주히 움직이는 아이, 마노도 있었어. 마노는 15분 동안 왼손을 흔들었다가, 그다음엔 오른손을 흔들었어. 마지막엔 양손을 흔들었지. 마침내 티네 선생님이 마노를 불렀어.

"저는 할 말이 두 가지예요. 첫째, 수학 교과서는 이제 영원히 변기통으로 들어가나요?"

"하하하, 아니요."

튀르 선생님 대답하셨어.

"그럼, 두 번째요. 이 수업은 파이케의 말에 모두 동의하면서 시작되었어요. 그러니까 파이케! 이제 무슨 말이든 해서 교실을 녹여 버려!"

마노의 말은 들은 파이케는 눈을 가리고 있던 앞머리를 치우고 마노를 힐끔 보앉아. 마노는 엄지손가락을 들고 있었지. 파이케는 다시 한 번 앞머리를 치우고, 숨을 한 번 쉬고 말했어.

"모든 질문은…… 우리가 했던 모든 질문은 정말로 우리의 삶과 관련이 있어요. 왜냐하면…… 우리……."

파이케는 교실을 둘러보며 눈을 깜박였어. 모두들 귀를 기울여 파이케의 말을 듣고 있었지. 그러느라 다들 숨쉬기를 잊은 것만 같았어.

"…… 우리 모두가 스스로 생각한 질문이었기 때문이에요. 무엇이든 우리가 원하는 대로 말할 수 있었고, 그리고 우린……."

파이케는 갑자기 수줍은 듯 바닥을 바라보았다가, 나무토막처럼 뻣뻣하게 팔을 펴서는 티네 선생님과 튀르 선생님을 가리켰어.

"…… 우린 선생님들 덕분에 많은 것을 배웠어요. 그러므로……."

파이케는 일어나서 앞을 똑바로 보았다가, 고개를 돌려 왼쪽과 오른쪽을 둘러보았지.

"…… 그러므로 지난 한 해는 아주 의미 있고, 더없이 행복했어요."

순간 모두들 감정이 벅차올랐어. 누구도 말을 할 수 없었어. 너무나도 아름다운 정적이 흘렀지. 하지만 1분의 60분의 20, 아니 30분의 10, 아니 3분의 1도 채 지나지 않아서 마노가 소리를 질렀어.

"와우, 와우, 와우! 파이케가 맞아요!"

수학 파티

아이들의 이야기가 시끌시끌하게 이어졌어. 티네 선생님과 튀르 선생님이 내년에도 담임을 맡을 수도 있다고 했기 때문이야. 그리고 내년에 '쓸모 있는 수학' 수업을 계속할 수도 있다고 했어. 아무도 예상하지 못한 일이었어. 그래서 환호와 신음, 툴툴거림과 들썩임이 뒤섞여 교실이 소란스러워졌지.

오후에는 수학 파티가 열렸어. 정말 환상적이었어. 부모님들도 와서 도와주었어. 만의 이모는 노래를 불렀지. 탁자에는 '뒤죽박죽 홉시카'와 수도꼭지가 달린 레모네이드 통이 놓여 있었어. 레모네이드를 빨리 마시기 위해 아이들은 수업 시간에 배운 대로 한 줄 서기를 했어. 마노는 부모님들과 '(방법을 아는 사람이) 항상 이기는 게임'을 했어. 진 사람은 방울 양배추 대신 빨간 고추를 먹어야 했어. 아이스크림 부스도 있었는데, 아이스크림 여섯 종류 중 두 가지를 고를 때 얼마나 다양한 조합을 만들 수 있는지를 먹기 전에 맞혀야 했어. 온갖 말도 안 되는 할인을 받을 수 있는 중고 장터도 열렸어. 골대에 숫자가 적힌 과녁을 붙이고 하는 축구도 했지. 진짜 쌍둥이도 파티에 초대됐어. (완전히 똑같이 생긴 두 사람이 운동장을 걸어왔어. 로스와 로메이는 그들이 누군지 알아내는 데 30분이나 걸렸지. 알고 보니 한 명은 튀르 선생님의 친구였고, 한 명은 티네 선생님의 친구였어!)

다들 수다를 떨고, 웃고, 춤을 추었어. 수업을 마치는 종이 울렸지만, 파티는 한동안 계속됐어. 학기 초부터 반 아이들의 머리 위에 붙어 있던 불이 오늘도 활활 타올랐어.

열기는 쉽게 꺼지지 않았어.

이 책에 나온 수학 용어

면적

"들판의 넓이는 얼마일까요?"
"여러분 집 바닥은 얼마나 넓나요?"
이런 질문은 "그 공간에 길이가 **1**미터, 높이가 **1**미터인 정사각형이 몇 개가 들어가나요?"라고 묻는 게 정확하답니다.

면적을 **제곱미터**(m^2)로 묻는 것이지요.
직사각형의 가로 길이와 세로 길이를 곱하면 답이 나와요.

제곱미터

가로가 **1**미터, 세로가 **1**미터인 정사각형 표면의 면적은 **1**제곱미터입니다.
다음과 같이 표기하지요: $1\,m^2$

둘레

평지나 바닥 혹은 어떠한 직사각형의 둘레를 계산하려면, 외곽선의 길이를 전부 다 더하면 됩니다.

분수

분수는 어떤 수를 모두 같은 크기로 쪼개어 나눈 거예요.

가운데 실선 아래에는 전체의 조각 개수를 적고, **가운데 실선 위**에는 그중 몇 조각에 해당하는지를 적어요.

$\frac{5}{8}$는 **8**조각 중 **5**개라는 뜻이에요.
8분의 **5**라고 읽지요.

$\frac{2}{3}$는 **3**조각 중 **2**개라는 뜻이에요.
3분의 **2**라고 읽지요.

실선 위의 숫자는 **분자**라고 해요.
실선 아래의 숫자는 **분모**라고 하고요.

평균

여러 개의 수가 있을 때 평균을 내는 법:
① 전부 다 더한다.
② ①에서 구한 값을 수의 개수로 나눈다.

길이의 단위

1m(미터) = **10**dm(데시미터) = **100**cm(센티미터) = **1000**mm(밀리미터)
1km(킬로미터) = **10**hm(헥토미터) = **100**dam(데카미터) = **1000**m(미터)

부피의 단위

1ℓ(리터) = **10**dℓ(데시리터) = **100**cℓ(센티리터) = **1000**mℓ(밀리리터)

무게의 단위

1kg(킬로그램) = **1000**g(그램)

온도

우리는 온도를 '**섭씨**' 몇 도인지로 측정해요.

0도는 **어는점**이에요.
0도에서는 물이 얼어요.
100도는 **끓는점**이에요.
100도에서는 물이 끓지요.

7도는, **7**°C(도씨)라고도 적어요.
°C는 섭씨를 의미해요.

온도가 **0**°C보다 낮을 땐 영하 **4**도 또는 **-4**°C라고 표기한답니다.

분수의 약분

분자(실선 위의 숫자)와 **분모**(실선 아래의 숫자)는 더 작게 줄일 수 있답니다.
이를 **약분**이라고 하지요. 분자와 분모를 같은 수로 나누면 돼요.

예: $\frac{6}{12}$의 분자와 분모를 둘 다 **3**으로 나누면 → $\frac{2}{4}$
$\frac{2}{4}$의 분자와 분모를 둘 다 **2**로 다시 나누면 → $\frac{1}{2}$

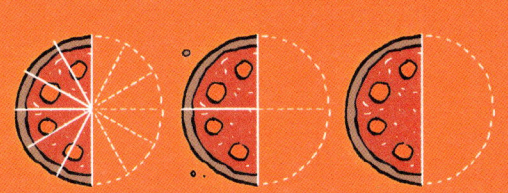

더 이상 작게 줄일 수는 없죠? 그러면 약분이 끝난 거예요.

소수점 아래 자릿수

점이 표기된 숫자도 분수의 일종이에요.
1을 **10**개로 나눈 것을 **0.1**(**10**분의 **1**)이라 불러요.
1.4는 **1**이라는 자연수에 **0.4**라는 소수(**10**분의 **4**)를 더한 거예요.
6.9는 자연수 **6**과 소수 **0.9**(**10**분의 **9**)를 더한 거예요.

10분의 **1**도 나눌 수 있을까요?
네, **10**분의 **1**을 **10**으로 나눈 것을 **100**분의 **1**이라고 하고,
소수점 아래 둘째 자리에 써요.
100분의 **1**을 **10**으로 나눈 것은 **1000**분의 **1**이라고 하고,
소수점 아래 셋째 자리에 쓰지요.
그 뒤로도 그 아래 자리로 나뉘고… 나뉘고… 계속되지요.

백분율

백분율은 하나의 수를 **100**조각으로 나눈 뒤 그중 몇이 되는지를 나타내는 거예요.
기호로는 %(퍼센트)라고 써요.
20% = **100**개 중 **20**개,
47% = **100**개 중 **47**개

백분율을 계산하려면, 먼저 가지고 있는 수를 **100**으로 나누세요.
그러면 **1%**가 얼마인지 나오지요.

예:
1500의 **7%**는 얼마인가?
100% = **1500**
1% = **1500** ÷ **100**
= **15**

그러고 나서 얻고 싶은 백분율의 수로 곱하는 거예요.
1% = **15**이므로,
7% = **7** × **15** = **105**

큰 숫자들

1천 → **1,000**

1만 → **10,000**

1억 → **100,000,000**

1조 → **1,000,000,000,000**

1경 → **10,000,000,000,000,000**

1해 → **100,000,000,000,000,000,000**

1자 → **1,000,000,000,000,000,000,000,000**

1극 → **1,000,000,000,000,000,000,000,000,000,000,000,000,000,000,000**

미렐바의 질문에 나온 문제의 답안지

1. 달러를 유로로 환산하는 법

아이스크림 1개:
10 수리남 달러 = **400**원

티셔츠 1장:
75 수리남 달러 = **3,000**원

잡지 1권:
13 수리남 달러 = **520**원

동물원의 입장권 1장:
25 수리남 달러 = **1,000**원

계란 가지 1킬로그램:
7 수리남 달러 = **280**원

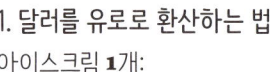

2. 편리한 돈 계산 (1)
350원 = **100** + **100** + **100** + **50**원
950원 = **500** + **100** + **100** + **100** + **100** + **50**원
1,620원 = **500** + **500** + **500** + **100** + **10** + **10**원
2,000원 = **500** + **500** + **500** + **500**원
2,320원 = **500** + **500** + **500** + **500** + **100**
+ **100** + **100** + **10** + **10**원

3. 편리한 돈 계산 (2)
$0.35 = 25 + 10센트
$0.95 = 25 + 25 + 25 + 10 + 10센트
$1.85 = 100 + 25 + 25 + 25 + 10센트

$2.50 = 250센트
$2.95 = 250 + 25 + 10 + 10센트

4. 여러 나라의 돈
실수로 다른 나라의 돈을 서로 헷갈리지만 않으면 모두 정답입니다.

5. 돈은 아름다워
1. 수리남에는 **1**달러나 **2.5**달러짜리 동전 말고도, **1**달러와 **2.5**달러에 해당하는 지폐가 있어요. 이런 지폐가 유용하게 쓰이는 이유가 있을까요?

다양한 답변을 할 수 있겠죠. 예컨대 **10**달러 지폐는 **10**달러 동전보다 가벼워요. 주머니나 지갑에 담고 다니기에도 무척 편하지요. 지폐는 동전만큼 오래 쓸 수는 없지만, 만드는 비용이 덜 들고, 더 빨리 만들 수도 있답니다.

2. 스위스의 **10**프랑짜리 지폐는 세상에서 가장 아름다운 지폐로 선정되었어요. 동의하나요?

어떤 답이든 다 정답이에요. 이 지폐가 세상에서 가장 못난 지폐 같다는 대답도 괜찮아요.

3. 티네 선생님은 이 돈이 세상에서 가장 아름다운 지폐라고 생각해요. 콩고에서 발행되었고, 오카피가 그려져 있지요. 여러분이 생각하는 세상에서 가장 아름다운 지폐를 그려 보세요.

이 또한 어떤 답이든 다 좋아요.(지폐에 **1729**를 쓰면 보너스 점수를 얻을 수 있어요. 티네 선생님이 제일 좋아하는 숫자거든요.)

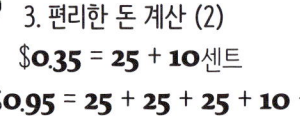

파티를 마친 뒤

"나의 사랑스럽고 소중한 말썽꾸러기 친구들. 내가 아는 것은 단 하나입니다. 여러분이 나와 함께하고, 내가 여러분과 함께하는 이 한 해 동안, 우리의 교실은 행복해야 합니다. 그 밖의 나머지는 다 말도 안 되는 이야기이므로 여러분에게 말하지 않겠어요."

출처:《행복한 교실》, 테오 테이슨, 1926년

글 에드바르트 판 더 펜델

네덜란드의 어린이 청소년 문학 작가이다. 대학에서 교육학을 전공하고 초등학교에서 어린이들을 가르쳤다.
2001년부터 전업 작가로 변신하여 동화, 동시, 그림책 등 50권 이상의 도서를 펴냈으며,
'네덜란드 최고의 어린이 책' 등 다수의 상을 받았고, 여러 책이 25개국 이상에 번역되었다.
국내에 소개된 주요 작품으로는 《니노의 강아지》, 《오빠는 오늘도 폭발 중》, 《부릉부릉 축제》 등이 있다.

글 이오니카 스메이츠

네덜란드의 수학자이자 레이던대학교의 언론정보학과 교수이다. 다양한 매체에 과학과 관련된 글을 쓰고,
방송 진행자로도 활동하고 있다. 《쓸모 있는 수학만 하겠습니다!》는 첫 번째로 쓴 어린이 책이다.

그림 플로어 더 후더

매일매일 그림을 그리는 것이 목표인 네덜란드의 만화가이다. 이 책의 공동 저자인 에드바르트 판 더 펜델과 함께
다수의 그래픽 노블을 만들었고, 삶과 세계에 대한 자전적인 이야기를 모은 일곱 권의 작은 책 《플로(Flo)》를 출간했다.
잡지, 신문, 웹사이트 등 다양한 매체의 삽화 작업을 하고 있다.

옮김 정신재

한국외국어대학교 네덜란드어과를 졸업했다. 네덜란드 레이던대학교에서 수학했으며 현지에서 아동 및 청소년 도서를 검토해
국내에 소개하기도 했다. 현재 번역 에이전시 엔터스코리아에서 출판 기획 및 네덜란드어 전문 번역가로 활동 중이다.
옮긴 책으로는 《북극에 삽니다》, 《생쥐의 음악회》, 《이토록 경이로운 숲》 등 다수가 있다.

수학을 싫어하는 아이들의 생활 밀착 수학 수업 프로젝트
쓸모 있는 수학만 하겠습니다!

초판 1쇄 발행 2023년 03월 08일 초판 5쇄 발행 2025년 5월 14일

글쓴이 에드바르트 판 더 펜델, 이오니카 스메이츠
그린이 플로어 더 후더 옮긴이 정신재

펴낸이 최순영 교양 학습 팀장 김솔미 편집 이유진
키즈 디자인 팀장 이수현 디자인 정상철

펴낸곳 ㈜위즈덤하우스 출판등록 2000년 5월 23일 제13-1071호
주소 서울특별시 마포구 양화로 19 합정오피스빌딩 17층
전화 02) 2179-5600 내용문의 02) 2179-5683
홈페이지 www.wisdomhouse.co.kr 전자우편 kids@wisdomhouse.co.kr

Text copyright © 2021 by Edward van de Vendel & Ionica Smeets
Illustration copyright © 2021 by Floor de Goede

Originally published by Uitgeverij Nieuwezijds, Amsterdam, the Netherlands
under the title REKENEN VOOR JE LEVEN
All rights reserved.

Korean Translation Copyright © 2023 by Wisdom House, Inc.
Translation rights arranged by ⓒ élami agency
Korean translation rights arranged through BC Agency

이 책의 한국어판 저작권은 BC에이전시를 통해 저작권자와 독점계약을 맺은 ㈜위즈덤하우스에 있습니다.
저작권법에 의해 한국 내에서 보호를 받는 저작물이므로 무단전재와 복제를 금합니다.

ISBN 979-11-6812-583-4 73410

* 이 책의 전부 또는 일부 내용을 재사용하려면 반드시 사전에 저작권자와 ㈜위즈덤하우스의 동의를 받아야 합니다.
* 인쇄·제작 및 유통상의 파본 도서는 구입하신 서점에서 바꿔드립니다.
* 이 책의 사용 연령은 8~13세입니다.
* 책값은 뒤표지에 있습니다.

네덜란드 흅시카 초등학교 5학년 친구들의 단체 사진

이제 누가 누군지 알겠니?

여전히 모두 다양하고 멋진 친구들이야!

1. 마노
2. 파이케
3. 만
4. 아흐메드
5. 튀르 선생님
6. 옌스
7. 파비오
8. 파트릭 1번
9. 쿠제이
10. 로만
11. 티네 선생님
12. 스벤